薪酬管理
从入门到精通

李妮 著

電子工業出版社
Publishing House of Electronics Industry
北京 • BEIJING

内 容 简 介

薪酬管理是人力资源管理中的重要模块，是企业吸引、保留优秀人才的重要手段。本书介绍了薪酬与薪酬管理的基本知识、薪酬体系设计、日常薪酬管理和薪酬管理的发展趋势。

本书为读者揭开了薪酬管理的面纱，为读者描绘出薪酬管理的整个图景，便于读者开展薪酬管理实际工作，掌握薪酬管理理论、工具和方法，提升薪酬管理水平。

图书在版编目（CIP）数据

薪酬管理从入门到精通 / 李妮著 . —北京：电子工业出版社，2019.7

ISBN 978-7-121-35630-8

Ⅰ . ①薪… Ⅱ . ①李… Ⅲ . ①企业管理－工资管理 Ⅳ . ① F272.923

中国版本图书馆 CIP 数据核字（2019）第 010969 号

责任编辑：王陶然　　特约编辑：田学清
印　　刷：三河市鑫金马印装有限公司
装　　订：三河市鑫金马印装有限公司
出版发行：电子工业出版社
　　　　　北京市海淀区万寿路 173 信箱　　邮编：100036
开　　本：720×1000　1/16　印张：13.75　字数：286 千字
版　　次：2019 年 7 月第 1 版
印　　次：2019 年 7 月第 1 次印刷
定　　价：45.00 元

凡所购买电子工业出版社图书有缺损问题，请向购买书店调换。若书店售缺，请与本社发行部联系，联系及邮购电话：（010）88254888，88258888。

质量投诉请发邮件至 zlts@phei.com.cn，盗版侵权举报请发邮件至 dbqq@phei.com.cn。

本书咨询联系方式：（010）57565890，meidipub@phei.com.cn。

前 言

PREFACE

薪酬管理是人力资源管理中专业性相对较强的模块，关于薪酬和薪酬管理有比较成熟的理论和方法。同时，薪酬管理也是一门应用性很强的“技术”，要想从薪酬管理“菜鸟”转变为“高手”，必须具备薪酬和薪酬管理的理论知识，并且能够解决薪酬管理中的各种问题。一本书讲清楚薪酬管理的理论知识、方法和工具，给对薪酬管理感兴趣的读者提供一些帮助，是作者写作本书的出发点。

本书注重实际操作，运用了大量图表和案例分析，帮助 HR 快速掌握薪酬管理相关知识。本书详细讲解了薪酬管理的操作环节，包括薪酬体系设计和日常薪酬管理（日常薪酬核算与发放、薪酬调整与薪酬预算、薪酬管理制度等）。通过阅读本书，读者将学到从日常薪酬管理到薪酬体系设计的全过程和方法，从而对薪酬和薪酬管理的理解更加深入，对日常工作的开展更加胸有成竹。

因作者水平和编写时间所限，本书难免存在疏漏和不当之处，敬请读者指正。

本书特色

1. 逻辑清晰、体系完整，帮助初学者建立薪酬与薪酬管理的知识体系

本书围绕薪酬管理展开叙述。其中，第一篇介绍了薪酬与薪酬管理的基本知识；第二篇和第三篇是本书的重点，第二篇介绍了薪酬体系设计，第三篇介绍了日常薪酬管理，这两篇构成了薪酬管理的主要内容；第四篇介绍了薪酬管理的发展趋势。本书由浅入深、循序渐进地对薪酬管理进行讲解，从基础理论到日常实操，再到发展趋势，符合初学者的学习规律。本书结构提纲挈领、重点突出，尤其是实操部分讲解得很详细，对仅需简单了解的部分也不赘述。读者阅读本书之后，会对薪酬和薪酬管理建立起完整的知识体系。

2. 大量实操案例和工具，“手把手”教会初学者做好薪酬管理工作

本书第二篇和第三篇中的大部分知识点都附有案例或示例，可以说是“手把手”地传授薪酬管理经验。在日常薪酬管理一篇中配有 Excel 实操图，能够让 HR 在阅读之后，掌握薪酬核算的方法。同时，本书列举了薪酬管理中的一些法律要点和相关案例，对 HR 在日常工作中经常碰到的问题提供了解决办法。

3. 加入延伸知识和延伸阅读等板块，激发读者兴趣，拓展思维

本书加入延伸知识和延伸阅读等板块，既包含基本知识点之外的延伸知识，也包含基本方法之外的思考，有助于激发读者对薪酬和薪酬管理的兴趣，同时有助于拓展读者的思维。本书第四篇介绍了薪酬管理的发展趋势。一个优秀的 HR 只做好日常薪酬管理和薪酬体系设计是不够的，还应该不断地学习，多关注薪酬领域的新发展、新趋势，保持对该领域的兴趣和关注。

本书内容及体系结构

第 1 章　薪酬基本知识

本章讲解了薪酬和薪酬管理的基本知识，并通过对两个优秀企业——华为和阿里巴巴公司的薪酬管理进行介绍，为读者展示了薪酬和薪酬管理的大致图景。

第 2 章　薪酬策略

本章介绍了薪酬管理的指导思想——薪酬策略，详细讲解了薪酬的六项基本策略，即薪酬总额策略、薪酬水平策略、薪酬结构策略、薪酬差距策略、薪酬增长策略和薪酬支付策略。

第 3 章　岗位价值评估

本章介绍了岗位价值评估的方法和步骤，包括前期准备工作、操作方法和工具，数据处理方法，岗位价值矩阵表等。通过本章的学习，读者可以了解岗位价值评估的方法，并操作岗位价值评估项目。本章的延伸阅读引导读者思考“集团岗位价值评估的评估量过大怎么解决”的问题，并提出了相应的解决方法。

第 4 章　外部薪酬调查

本章主要通过薪酬调查对象、获取外部薪酬数据渠道，以及薪酬报告的解读、运用，对外部薪酬调查工作进行详细介绍。通过本章的学习，读者能够掌握薪酬报告的解读方法，快速获得相关有价值的信息，同时应用薪酬报告了解市场行情、对比市场竞争力、确定所在企业的薪酬范围等。本章的延伸阅读揭秘了专业机构是如何做出薪酬调查报告的，有助于读者深入理解外部薪酬调查和薪酬报告。

第 5 章 薪酬结构

本章介绍了薪酬的各部分构成、薪酬结构设计的前提——岗位划分，以及薪酬固浮比。本章的延伸阅读介绍了目前比较流行的双通道 / 多通道职业发展模式，以及如何在这种模式下设计薪酬。

第 6 章 薪级薪档与薪酬套档测算

本章详细介绍了薪酬体系落地工具——薪级薪档表，以及确定薪级薪档表后的套档测算。在制作薪级薪档表中，详细介绍了系数转化法，并配以图表，以便于读者借鉴。在薪酬套档测算中，详细介绍了薪酬套档和薪酬测算的方法。本章的延伸阅读分别介绍了薪级薪档实践和薪酬套档测算的案例，以便于读者学习和理解。

第 7 章 常见岗位薪酬设计

为了方便初学者掌握薪酬设计，本章介绍了企业内常见岗位的薪酬设计，包括高层管理人员、销售人员、研发人员、生产人员和职能人员的薪酬设计，并阐述了每类岗位的薪酬特点、薪酬模式和设计方法。此外，本章在介绍理论和方法后，还配以 1～3 个案例，以便于读者理解。

第 8 章 年终奖设计

本章为读者介绍了年终奖的设计。首先讲解了年终奖的常见形式和影响因素，其次介绍了年终奖的计算方法，最后介绍了如何设计年终奖励方案，并以案例的形式介绍了某企业的年终奖励方案，以供读者参考。

第 9 章 津贴与福利设计

本章介绍了津贴与福利的设计。在津贴设计中，讲解了津贴的分类，以及津贴设计的原则和标准。在福利设计中，介绍了法定福利、补充福利和福利设计的原则，并通过一个案例说明了如何设计企业福利。

第 10 章 日常薪酬核算与发放

本章详细介绍了 HR 的日常重要工作——薪酬核算与发放。在月度工资表的计算中，介绍了工资表项目构成、各项工资的计算方法、社保公积金代扣代缴的计算方法和个人所得税的计算方法。在薪酬核算与发放流程中，详细介绍了核算工资前的准备工作、Excel 中常用的函数和功能、数据核算与检查、工资审批及发放流程。值得一提的是，考虑到很多企业的 HR 会使用 Excel 来核算工资，本章详细介绍了 Excel 中常用的函数和功能，并配以大量演示图，以便于读者对照实践。

第 11 章 薪酬管理中的法律要点

本章总结了 HR 经常遇到的薪酬难点，介绍了特殊情况下各种“金”（竞业限制经济补偿金、专项培训协议违约金、员工离职经济补偿金和离职经济赔偿金）的计算方法；总结了薪酬核算和发放过程中需要注意的事项。这两部分内容有助于提高读者的薪酬风险管理意识，其中的具体操作方法也有助于 HR 在实际工作中进行应用。本章的延伸知识介绍了 HR 应该了解的财务知识点，包括基础会计知识和三张财务报表，以供读者学习。

第 12 章　薪酬调整与薪酬预算

本章介绍了薪酬调整与薪酬预算。在薪酬调整中，介绍了薪酬调整的类型和思路，并通过案例进行讲解，以便于读者理解；在薪酬总额中，介绍了薪酬总额的定义和构成、与薪酬总额相关的概念，以及薪酬总额的推算方法；在薪酬预算中，介绍了薪酬预算方法、步骤和控制注意事项。

第 13 章　薪酬管理制度

HR 除了要做好日常薪酬核算、调薪等工作，薪酬管理制度的制定也是其重要职责之一。本章从前期准备、撰写、审核、宣贯推行四个方面介绍了薪酬管理制度的制定过程，并以案例的形式介绍了某企业的薪酬管理制度，以供读者参考。

第 14 章　薪酬激励发展新趋势

本章介绍了薪酬激励发展的新趋势，包括股权激励、事业合伙人制度和弹性福利。

本书读者对象

- 刚接触薪酬工作的 HR
- 资深薪酬主管 / 经理
- 人力资源管理各模块的管理人员
- 企业其他管理人员
- 人力资源管理等相关专业的学生
- 人力资源管理各项证书的应考人员
- 需要薪酬管理工具书的人员
- 其他对薪酬管理感兴趣的人员

目 录
CONTENTS

第一篇　薪酬与薪酬管理的基本知识

第 1 章　薪酬基本知识　/　002

1.1　薪酬与薪酬管理　/　002

1.2　优秀企业如何做薪酬管理　/　004

第二篇　薪酬体系设计

第 2 章　薪酬策略　/　012

2.1　薪酬策略的影响因素　/　012

2.2　薪酬的六项基本策略　/　013

第 3 章　岗位价值评估　/　020

3.1　哪些企业的薪酬体系需要做岗位价值评估　/　020

3.2　岗位价值评估实操步骤　/　021

3.3　【思考】集团公司岗位价值评估的评估量过大怎么解决　/　033

第 4 章　外部薪酬调查　/　036

4.1　薪酬调查对象和获取外部薪酬数据渠道　/　036

4.2　薪酬报告的解读　/　038

4.3　薪酬报告如何使用　/　043

4.4　【揭秘】专业信息调查机构如何制作薪酬报告　/　044

第 5 章　薪酬结构　/　046

5.1　薪酬各部分构成　/　046

5.2　薪酬结构设计的前提——岗位划分　/　048

5.3　薪酬固浮比　/　049

5.4　【思考】双通道 / 多通道模式如何设计薪酬　/　050

第 6 章　薪级薪档与薪酬套档测算　/　052

6.1　薪级薪档设计　/　052

6.2　【案例】薪级薪档实践案例　/　061

6.3　薪酬套档测算　/　065

6.4　【案例】某企业薪酬套档测算案例　/　068

第 7 章　常见岗位薪酬设计　/　070

7.1　高层管理人员薪酬设计　/　070

7.2　销售人员薪酬设计　/　074

7.3　研发人员薪酬设计　/　088

7.4　生产人员薪酬设计　/　096

7.5　职能人员薪酬设计　/　100

第 8 章　年终奖设计　/　104

8.1　年终奖的常见形式和影响因素　/　104

8.2　年终奖计算方法　/　108

8.3　如何设计年终奖励方案　/　113

第 9 章　津贴与福利设计　/　116

9.1　津贴设计　/　116

9.2　福利设计　/　117

第三篇　日常薪酬管理

第 10 章　日常薪酬核算与发放　/　130

10.1　月度工资表的计算　/　130

10.2　薪酬核算与发放流程　/　150

第 11 章　薪酬管理中的法律要点　/　161
11.1　特殊情况下各种“金”的算法　/　161
11.2　薪酬核算和发放中的注意事项　/　168
11.3　【延伸知识】HR 应知应会的财务知识点　/　174
第 12 章　薪酬调整与薪酬预算　/　178
12.1　新员工薪酬确定　/　178
12.2　薪酬调整　/　179
12.3　薪酬总额　/　182
12.4　薪酬预算　/　186
第 13 章　薪酬管理制度　/　190
13.1　薪酬管理制度的前期准备　/　190
13.2　薪酬管理制度的撰写　/　191
13.3　薪酬管理制度的审核　/　191
13.4　薪酬管理制度的宣贯推行　/　192
13.5　【案例】某企业的薪酬管理制度　/　192

第四篇　薪酬管理的发展趋势

第 14 章　薪酬激励发展新趋势　/　202
14.1　股权激励　/　202
14.2　事业合伙人制度　/　208
14.3　弹性福利　/　209

第一篇

薪酬与薪酬管理的基本知识

本篇简要介绍薪酬与薪酬管理的基本知识。对薪酬与薪酬管理不熟悉的读者，通过学习本篇内容，能够快速建立起薪酬与薪酬管理的基本认知框架，这将有助于理解后续章节的内容。

第1章
薪酬基本知识

在薪酬管理领域中，可以深入学习的东西很多，比如：日常薪酬怎么核算？薪酬体系怎么设计才能更好地支撑公司的发展战略？薪酬如何与绩效管理结合，才能更好地激励员工？最新的薪酬管理模式有哪些，是否适合自己所在的企业？“千里之行，始于足下”，要想做好薪酬管理，必须了解薪酬的基本知识。

1.1 薪酬与薪酬管理

在影响人们择业的各类因素中，薪酬一直都是重要的因素之一。薪酬管理不仅是企业人力资源管理体系的重要组成部分，也是人力资源各模块中相对复杂的模块。HR在进行薪酬管理之前，必须要了解薪酬与薪酬管理的基本知识。

1.1.1 薪酬是什么

员工为所属的企业或组织提供劳动、做出贡献，而企业或组织为其劳动支付相应的回报。这些相应的回报就是薪酬。

薪酬不等同于工资，其范围更广，包括外部薪酬和内部薪酬。

外部薪酬包括直接薪酬和间接薪酬。直接薪酬是员工薪酬的主体组成部分，包括员工的基本薪酬（基本工资）、激励薪酬（绩效工资、奖金、利润分成等）、津补贴；间接薪酬即福利，包括各种保险、住房公积金、员工公寓、工作餐、班车等。

内部薪酬一般是指对员工心理和社会价值方面的满足。比如，参与企业决策、承担更大的责任、提高个人能力、实现个人价值等，可以对员工产生较大的激励作用，并提高其对企业或组织的认同感。

本书中的薪酬主要是指外部薪酬，即一般意义上我们所说的薪酬。

1.1.2 薪酬管理是什么

薪酬管理包括薪酬体系设计与日常薪酬管理两个方面。

薪酬体系设计主要包括薪酬水平、薪酬结构和不同岗位的薪酬构成方面的设计；日常薪酬管理的重点是薪酬成本管理，包括薪酬支付、薪酬调整和薪酬预算。

薪酬体系在建立之后会比较稳定，企业主要是在薪酬体系的框架下进行优化的。例如，企业会根据公司战略和业务策略调整某些岗位的薪酬水平、调整薪酬结构等。

在日常薪酬管理中，企业需要根据薪酬支付周期准确核算和发放薪资，根据薪酬体系进行薪资调整，根据年度进行薪酬预算等。薪酬与薪酬管理的思维导图如图 1.1 所示。

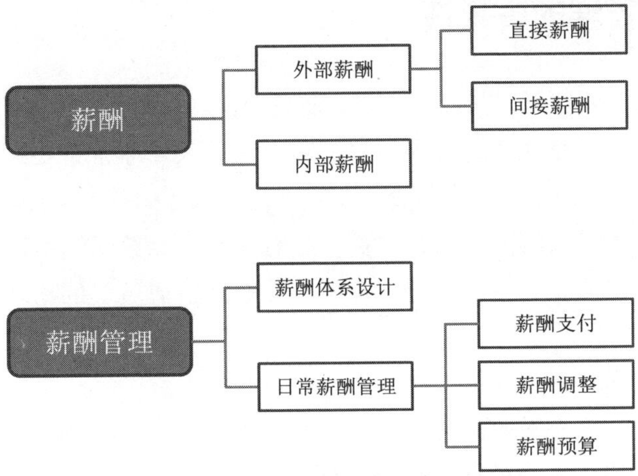

图 1.1　薪酬与薪酬管理的思维导图

1.1.3 薪酬管理与人力资源其他模块的关系

人力资源的六大模块包括人力资源规划、招聘与配置、培训与开发、薪酬管理、绩效管理和劳动关系管理。

人力资源规划是其他模块的起点和依据。人力资源规划包括组织架构的设置、组织架构的调整、人员供给需求分析、人力资源制度的制定、人力资源管理费用预算的编制与执行。其中，人力资源管理费用预算的编制与执行就涉及薪酬管理。HR需要在进行公司整体人力资源规划时做出薪酬预算。

招聘与配置包括需求分析、工作分析和胜任力分析、招聘流程和策略、招聘渠道分析与选择、招聘实施等。在招聘时需要与岗位候选人进行薪酬谈判，确定薪酬。另外，招聘还涉及招聘费用。

培训与开发包括需求调研与评估、培训设计与实施、项目开发与管理等。薪酬管理中包含了员工的培训费用。

绩效管理与薪酬管理的关系最紧密，绩效管理是管理者和员工为了达到组织目标，共同参与绩效计划制订、绩效辅导沟通、绩效考核评价、绩效结果应用、绩效目标提升的持续循环过程。在日常管理中，绩效结果常常应用于薪酬管理，作为激励员工的重要手段。

劳动关系管理包括劳动合同管理、员工档案管理、考勤与休假管理、劳资关系处理与协调等。在日常工资核算中，涉及出勤情况、奖惩情况等。

1.1.4 薪酬管理的重要性

薪酬管理的重要性可以从以下 4 个方面来分析。

（1）吸引人才。企业要想发展得好，吸引优秀人才非常重要。保证企业的关键核心岗位薪酬在外部市场上有竞争力，是吸引优秀人才的基本条件。

（2）保留人才。薪酬的本质是对员工的劳动和贡献给予回报，企业通过合理的薪酬来激励和保留员工。薪酬设计不合理，可能会造成员工的离职率高，给企业的正常运营带来问题。

（3）控制成本。人工成本是很多企业的主要成本之一，如果人工成本过重，可能会影响企业的经营。合理把控人工成本，有助于保证企业产品 / 服务的竞争力。

（4）战略支撑。合理的薪酬机制能够将企业和员工结成利益、事业的共同体，激发员工的积极性、主动性和长期与企业共同发展的愿望，帮助企业达成战略发展目标。

1.2 优秀企业如何做薪酬管理

好的薪酬设计和管理能激发员工的积极性、创造性，帮助企业达成战略目标和发展愿景。那么，优秀的企业如何做薪酬管理呢？我们来看两个案例。

1.2.1　华为的薪酬管理发展历程

华为技术有限公司（以下简称华为）于 1987 年正式注册成立，总部位于中国深圳市龙岗区坂田华为基地，主营业务为信息与通信技术（ICT）解决方案。截至 2016 年年底，华为已有超过 17 万名员工，其产品和解决方案应用于全球 170 多个国家，为全球运营商 50 强中的 45 家及全球 1/3 的人口提供服务。

2017 年，美国《财富》杂志发布的世界 500 强名单中，华为以 785.108 亿美元的营业收入、557.94 亿美元的利润排名第 83 位。

30 年的时间，华为从一家生产用户交换机（PBX）的香港公司的销售代理一跃成为世界 500 强企业，其发展、管理一直为外界所称道。另外，华为是国内首批实行员工持股计划的企业，其薪酬管理思想和员工持股计划的变迁非常值得学习。

1. 华为的薪酬管理思想

谈及对华为的印象，很多人联想到的是“狼性”“奋斗”。华为的薪酬管理思想与其企业文化一样，体现着“奋斗”的意义。

2011 年，华为组织了专门的讨论。任正非提出，华为的员工可以分为三类，第一类是普通劳动者，第二类是一般奋斗者，第三类是有成效的奋斗者。华为要将公司的剩余价值与有成效的奋斗者分享，因为他们是华为的中坚力量。“向奋斗者倾斜”是华为薪酬管理思想的主要基调。其实，华为从创立初期，在薪酬方面就很“大方”，这种大方体现在，对“优秀的奋斗者”的薪酬激励从不吝啬。

华为在初创期采用了适合企业的非现金形式的员工激励方式。针对优秀的员工，华为不论其年龄大小和资历深浅，只要对公司有贡献，就会得到提拔重用。这对员工而言是非常好的激励方式。同时，华为开始建立全员的股权激励制度，将员工和企业的命运紧紧地绑在一起，形成了利益共同体。

当华为进入高速发展阶段后，为了支撑企业的发展愿景和战略目标，华为开始实行市场领先的薪酬策略，其薪酬水平在市场上具有非常高的竞争力（比深圳的一般企业高出 20% 左右）。高薪酬意味着高压力，华为的“狼性文化”“加班文化”也逐渐形成。通过“奋斗”获得高回报、实现幸福生活，是华为员工的理想，也变成了现实。这一时期华为的长期激励制度进一步发展，演化为全体员工固定配股分红。1998 年，华为通过了《华为公司基本法》，其中的第六十九条明确了其薪酬管理思想。可以说，华为的这条制度与其价值分配理念非常契合。

《华为公司基本法》第六十九条的内容如下。

第六十九条　我们在报酬与待遇上，坚定不移向优秀员工倾斜。

工资分配实行基于能力主义的职能工资制；奖金的分配与部门和个人的绩效改进挂钩；安全退休金等福利的分配，依据工作态度的考评结果；医疗保险按贡献大小，对高级管理和资深专业人员与一般员工实行差别待遇，高级管理和资深专业人员除享受医疗保险外，还享受医疗保健等健康待遇。

我们不会牺牲公司的长期利益去满足员工短期利益分配的最大化，但是公司保证在经济景气时期与事业发展良好阶段，员工的人均年收入高于区域行业相应的最高水平。

2. 华为的员工持股计划

华为的员工持股计划一直为外界所称道。很多人认为，正是由于华为从创业开始就“敢为天下先”地尝试股权激励制度，才使得华为的命运不同于其他民营企业，能够一直保持奋斗者的“精神”和“活力”，最终成为全国乃至全世界的知名企业。

华为员工持股计划的主要目的是将企业的利益和员工的利益紧密结合，形成利益共同体，共同承担企业风险，成为事业共同体、命运共同体。

华为的员工持股计划经历了1990年初期的探索阶段、1997年的规范阶段（工会代持）、2001年借鉴国外理念形成的虚拟受限股阶段。现在的华为员工持股计划一般指2001年的虚拟受限股，其特点是虚拟的、饱和的（按照岗位评价设置的，且有上限）和受限的（不交易、不转让、不继承）。具体来说，华为给高绩效员工分配股票，按照员工的工作水平和对公司的贡献确定股份数量，并让员工通过工会持股。除了持股分红，持股员工有权选举和被选举为股东代表。

《华为研发》一书指出，在华为员工持股计划中，员工（包括任正非本人）分得年终奖后，要将其全部投入以购买分得的股票指标，甚至还需要贷一部分款，才够买下分得的全部股票指标。如果持股员工不离开华为，那么其实他们一直在欠华为的钱，或者倒贴给华为工资；如果华为停止成长或关门，那么这些投入华为的钱会血本无归。华为就是采取这种利益捆绑方式将人才拴在公司的大船上，将人才导向公司整体利益和发展的。

当然，华为的这种员工持股计划并非是永远无法兑现的“空言”或“骗局”。实际上，华为员工如果离职，公司会在离职手续办完的3个月内，将股票折算的总现值汇入离职员工的账户。

《华为公司基本法》第五条、第十七条、第十九条的内容如下。

第五条　华为主张在顾客、员工与合作者之间结成利益共同体。努力探索按生产要素分配的内部动力机制。我们决不让雷锋吃亏，奉献者定当得到合理的回报。

第十七条　我们是用转化为资本这种形式，使劳动、知识，以及企业家的管理和风险的累积贡献得到体现和报偿的；利用股权的安排，形成公司的中坚力量和保持对公司的有效控制，使公司可持续成长。知识资本化与适应技术和社会变化的有活力的产权制度，是我们不断探索的方向。

我们实行员工持股制度。一方面，普惠认同华为的模范员工，结成公司与员工的利益与命运共同体。另一方面，将不断地使最有责任心与才能的人进入公司的中坚层。

第十九条 效率优先，兼顾公平，可持续发展，是我们价值分配的基本原则。

按劳分配的依据是：能力、责任、贡献和工作态度。按劳分配要充分拉开差距，分配曲线要保持连续和不出现拐点。股权分配的依据是：可持续性贡献，突出才能、品德和所承担的风险。股权分配要向核心层和中坚层倾斜，股权结构要保持动态合理性。按劳分配与按资分配的比例要适当，分配数量和分配比例的增减应以公司的可持续发展为原则。

1.2.2 阿里巴巴如何做薪酬管理

阿里巴巴网络技术有限公司（以下简称阿里巴巴）于 1999 年在浙江杭州创立，是中国乃至世界知名的互联网企业。阿里巴巴目前的业务和关联公司的业务包括淘宝网、天猫、聚划算、全球速卖通、阿里巴巴国际交易市场、1688、阿里妈妈、阿里云、蚂蚁金服、菜鸟网络等。

2014 年 9 月，阿里巴巴在纽约证券交易所正式挂牌上市。2016 年，阿里巴巴成为全球最大的零售交易平台。

阿里巴巴作为互联网行业巨头，其薪酬管理无论是在薪酬支付上，还是在薪酬体系设计上，都展现出了勇于创新的精神。

1. 阿里巴巴的薪酬支付

阿里巴巴早在 2006 年就开始应用 Oracle PeopleSoft HCM 系统（该系统原为 PeopleSoft HR，PeopleSoft HR 是 HR 软件的领导者，于 20 世纪 80 年代推出，与 Oracle HRMS、SAP HR、Workday HCM 齐名，长久以来被跨国公司广泛应用。2005 年，PeopleSoft 公司被 Oracle 收购后推出了 Oracle PeopleSoft HCM 系统）。可以说，阿里巴巴是国内最早引进世界领先人力资源管理软件的企业之一。

随着阿里巴巴的迅猛发展，Oracle PeopleSoft HCM 系统已经不能满足其需求，而且国外软件每年的使用费用太过高昂。此外，阿里巴巴一直以来非常重视信息安全，基于以上几点，阿里巴巴自主研发了一套薪酬系统。

从阿里技术微信公众号于 2017 年 6 月发布的文章中可以了解到，其自主研发的薪酬系统已经从5月份开始正式接替 Oracle PeopleSoft HCM 系统上线服务。该系统支持移动办公，并完成了24个国家和地区的几十家阿里巴巴旗下公司的薪酬管理工作。

阿里巴巴的这款自主研发系统做到了基于云端的薪酬计算，进行整个集团数万人的薪酬计算只需30分钟，而 Oracle PeopleSoft HCM 系统需要3.5小时，其计算效率获得了很大提升。

除了日常的薪酬核算，该系统还支持员工股权归属和行权的税务自动计算等多个业务模式。员工可以通过该系统随时随地查看薪酬发放结果、个人所得税、福利补贴、业务提成、社会保险缴纳基数调整等信息。

2. 阿里巴巴的薪酬体系设计

2014年9月19日，阿里巴巴在纽约证券交易所正式挂牌上市。一夜之间，阿里巴巴的千万富翁、百万富翁如雨后春笋般涌现，甚至出现了几百个亿万富翁。阿里巴巴的薪酬体系到底是如何设计的，为什么有的员工会一夜之间身价大增？

其实，阿里巴巴的期权并不是每个员工都享有的，奖金奖励在每个员工身上也有所差异。那么，这些差异的依据是什么？这就要提及阿里巴巴的岗位序列了。阿里巴巴的岗位分为P（Profession，专业/技术）序列和M（Management，管理）序列。根据个人意愿和岗位需要，员工可以在P序列和M序列之间转换。

每个序列下又分不同职级。其中P序列划分为14个职级，M序列划分为10个职级。这种“双通道”设计在大型企业中非常流行，其目的在于让技术型人才和管理型人才都有发展空间。阿里巴巴P序列和阿里巴巴M序列如表1.1、表1.2所示。

表1.1　阿里巴巴P序列

级　别	职　称
P1、P2	一般空缺，为低端岗位预留
P3	助理
P4	研发工程师（原则上本科）
P5	研发工程师（原则上硕士）
P6	高级研发工程师（博士或5年相关工作经验）
P7	专家
P8	高级专家
P9	资深专家

续表

级　　别	职　　称
P10	研究员
P11	高级研究员
P12	科学家
P13	首席科学家
P14	——（与 M10 相当）

表 1.2 阿里巴巴 M 序列

级　　别	职　　称
M1	主管（与 P6 相当）
M2	经理（与 P7 相当）
M3	高级经理（与 P8 相当）
M4	总监（与 P9 相当）
M5	高级总监（与 P10 相当）
M6	副总裁
M7	资深副总裁
M8	执行副总裁
M9	副董事长
M10	董事局主席

阿里巴巴的薪酬体系就是基于表 1.1、表 1.2 所示的岗位序列来设计的。

第一部分是基本工资。阿里巴巴的基本工资水平与百度、腾讯相比较低。阿里巴巴 P 序列和 M 序列的每一级基本工资的差异是不同的。简单来说，P 序列员工级别上升，基本工资上涨幅度较大，而 M 序列的基本工资上涨幅度较小。这是因为技术员工的薪酬构成中，基本工资占比较大（69.4%），而客户经理、销售等岗位的基本工资仅占总薪酬的 30% 左右。

第二部分是奖金。阿里巴巴的激励政策做得非常到位，为了激励员工达成目标，公司制定了月度奖励、年度奖励、个人奖励、团队奖励等各种奖励。奖励方案也不仅仅限于奖金的形式，还包括实物奖励、旅游奖励等形式。阿里巴巴的年终奖会根据绩效考核情况发放：10% 不符合公司标准的员工，没有年终奖，甚至会被降薪；

70% 符合公司标准的员工，给予 2 个月的月薪作为年终奖；20% 做得更好的员工，给予 6 个月以上的月薪作为年终奖。

第三部分是组织激励。组织激励包括利润分享计划和员工持股计划。阿里巴巴的 M 序列相较于 P 序列而言，能够分得更多的期权和股票。对于 P 序列员工而言，一般达到 P7 级别，即可获得股票。

阿里巴巴的股票分年限行权，一般年限为 4 年。获得配股资格的员工，会在进入公司时获得期权，但不能马上兑现，每年兑现 1/4。

第四部分是其他福利。2011 年，阿里巴巴向员工推出 30 亿元“ihome”无息置业贷款计划；2016 年，阿里巴巴在其杭州总部附近新建 380 套员工专享公寓。阿里巴巴的这批公寓的房价相当于市场价的 6 折，而且与阿里巴巴新园区之间的距离很近，步行只需要 5 分钟。阿里巴巴的这些举措，切实提升了员工的幸福感。

第二篇

薪酬体系设计

本篇详细介绍薪酬体系的基本方法。对于HR而言，薪酬体系设计的意义有两点：如果企业正处于创立之初，则HR需要运用这些基本方法设计适合公司发展的薪酬体系；如果企业已经发展了一段时间，薪酬体系已经存在，但可能存在一些问题，则HR需要在分析企业薪酬体系现状后，重新设计或优化企业的薪酬体系。不管是哪一种情况，只要HR从事薪酬管理工作，就必须掌握薪酬体系设计的基本方法。

第 2 章
薪酬策略

薪酬策略是薪酬体系设计的指导思想，它决定了薪酬体系设计的目标和方向。薪酬策略一直贯穿于薪酬体系设计的整个过程之中。

2.1 薪酬策略的影响因素

简单来说，薪酬策略就是薪酬体系的指导思想。薪酬策略是结合企业发展战略、企业文化、企业所处阶段、企业外部环境四类影响因素制定的，是薪酬管理的指导性原则，如图 2.1 所示。

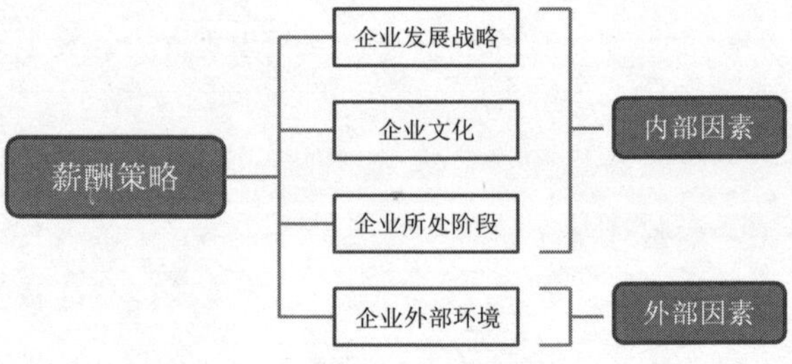

图 2.1 薪酬策略的影响因素

其中，企业发展战略是薪酬策略最核心的影响因素。HR 应根据企业发展战略，确定薪酬策略，再制定薪酬体系、薪酬制度。

初创期的企业常常对薪酬体系的概念不是很明确，因为初创期的企业，其人力资源管理最主要的任务是招聘，即快速招到人，迅速开展业务。至于薪酬，企业往往会根据外部市场价格确定，最多对一些关键岗位再采用一些激励手段。但随着公司业务的发展、人员规模的扩大，这样简单的薪酬体系会越来越难以满足实际的需要。比如，企业在日常管理中可能会增加绩效考核、加大薪酬激励作用、增加员工发展晋升通道等，这时就需要搭建合理的薪酬体系，以帮助企业做好薪酬管理工作，支撑企业战略发展。

但在设计薪酬体系时，绝对不能盲目进行，一定要在指导思想——薪酬策略的框架之下设计。也就是说，HR 在设计薪酬体系时，要考虑企业发展战略、企业文化、企业所处阶段、企业外部环境的影响，否则，设计出来的薪酬体系就会不符合企业的需要，甚至会拖企业的后腿。比如，公司未来两年的发展战略是推广新产品，就可能需要调整业务人员的薪酬策略，如提高固定工资比例和新产品销售的提成系数，否则，如果新产品推广难度较大，则可能影响业务人员销售新产品的积极性，甚至由于实际薪资水平较低造成业务人员流失率升高。

2.2　薪酬的六项基本策略

薪酬的基本策略共有六项，即薪酬总额策略、薪酬水平策略、薪酬结构策略、薪酬差距策略、薪酬增长策略、薪酬支付策略，如图 2.2 所示。

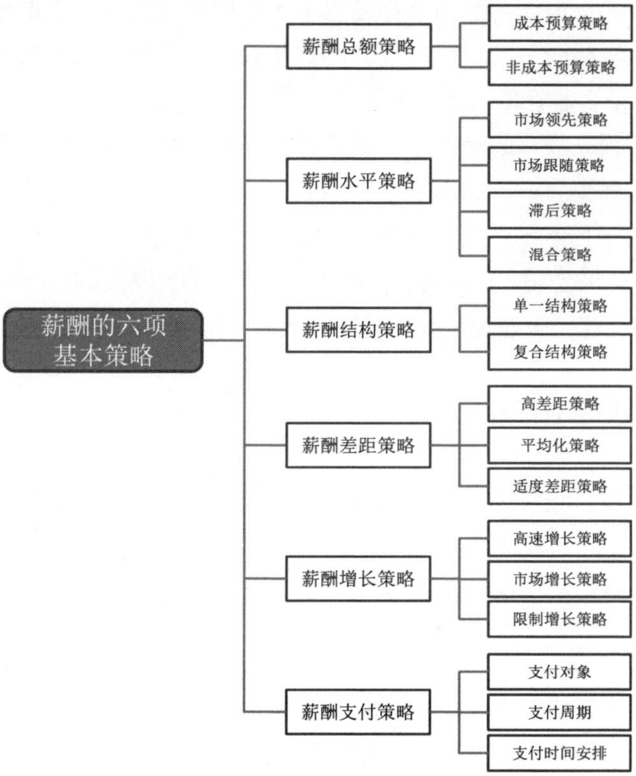

图 2.2　薪酬的六项基本策略

2.2.1 薪酬总额策略

薪酬总额策略分为两种类型，即成本预算策略和非成本预算策略。

1. 成本预算策略

成本预算策略是将薪酬总额看作一种经营成本，与其他成本项目一起进行总体预算与控制。

2. 非成本预算策略

非成本预算策略，即企业不对薪酬总额进行严格的预算与控制，而是根据企业战略目标与经营管理对人力资源的要求，按照人力资源的需要支出相应的薪酬总额。

前者通常在实施成本领先战略（也叫低成本战略）的企业中应用，后者通常在实施产品领先战略的企业中应用。

在实施成本领先战略的企业中，其基本要求是降低成本。一般情况下，在这些企业每年的预算工作中，薪酬预算都是成本预算的重要部分。挖掘组织潜能，提高劳动生产率、人均利润率，用相对较少的薪酬总额换取相对较大的人力效能，从而增加企业利润，是企业管理的重点任务之一。

在实施产品领先战略的企业中，要求产品质量与技术水平绝对领先。为了保证这一要求，企业可能会不计成本来吸引顶尖人才的加入。在这类公司中，由于个别岗位的薪酬远超市场水平，所以薪酬总额通常无法预计，也不纳入预算进行控制。如全球知名企业苹果公司、Facebook（脸书）公司，其用人标准均是要求“最好的”，尤其是关键岗位。这些企业为了找到优秀的人才，可以“不计代价”。

2.2.2 薪酬水平策略

薪酬水平策略是指企业的薪酬水平相对于市场薪酬行情的策略。这里的市场薪酬行情有两种意义，一种是指当地同行业薪酬，另一种是指竞争对手薪酬。

薪酬水平策略包括市场领先策略、市场跟随策略、滞后策略和混合策略四种类型。

1. 市场领先策略

采用市场领先策略的企业，其薪酬水平在市场上处于领先地位，薪酬竞争力高。这类企业的薪酬定位一般在 75 分位（75 分位表示市场上有 75% 的薪酬数据小于此数值;或者假设有 100 家企业，其薪酬排名在正数第 25 名）以上，甚至达到 90 分位。

2. 市场跟随策略

采用市场跟随策略的企业，其薪酬水平一般紧跟市场水平，薪酬定位常常在50分位上下。

3. 滞后策略

采用滞后策略（也叫成本导向策略）的企业，其薪酬水平低于市场水平，薪酬定位一般在25分位或者更低。

4. 混合策略

混合策略是指企业针对不同部门或不同岗位采用不同的薪酬水平策略。目前，这种策略已被企业广泛应用。

薪酬水平策略是HR在设计薪酬体系时需要重点考虑的，它决定着企业薪酬的外部竞争力。企业薪酬的外部竞争力和企业财务的承受能力是相互制约的。如果只考虑企业薪酬的外部竞争力，则企业的成本会增加，甚至给企业经营带来很大负担；如果只考虑企业财务的承受能力，则企业的薪酬会没有竞争力，不利于企业的人才聚集和人才梯队建设。

【案例】某公司的薪酬水平策略

某公司主营业务为新型材料的研发、生产和销售。该公司规模不大，员工约400人。因为该公司拥有几项核心专利和一支高水平的研发队伍，所以其产品在市场上占据较大的市场份额。该公司未来5年的发展战略是提升技术水平，并通过技术优势继续扩大市场份额。因此，该公司决定在薪酬水平策略上采取混合策略。

例如，该公司对研发人员采用市场领先策略，薪酬定位在75分位，个别岗位为90分位。其目的是吸引和保留公司核心岗位人才，保证公司发展战略的实施。该公司对行政后勤岗位采用市场跟随策略，薪酬定位在50分位甚至更低。这是因为，行政后勤岗位是公司的非核心岗位，只要维持正常的流失率，能够正常运行，提供服务支持即可。该公司采用混合策略，既充分地考虑了企业战略需要，又较好地控制了薪酬成本。

2.2.3 薪酬结构策略

在采用薪酬结构策略时，需要考虑两个问题：第一，薪酬中应该设置哪些薪酬项目；第二，各项目间比例关系是怎样的。不同的薪酬项目，如基本工资、绩效工资（奖金）、津补贴、福利的功能不同，HR需要根据实际情况考虑是否设置及如何设置。

薪酬结构策略可以分为单一结构策略和复合结构策略。在复合结构策略中，又可以细分为高弹性薪酬策略、高稳定性薪酬策略和调和型薪酬策略，如图 2.3 所示。

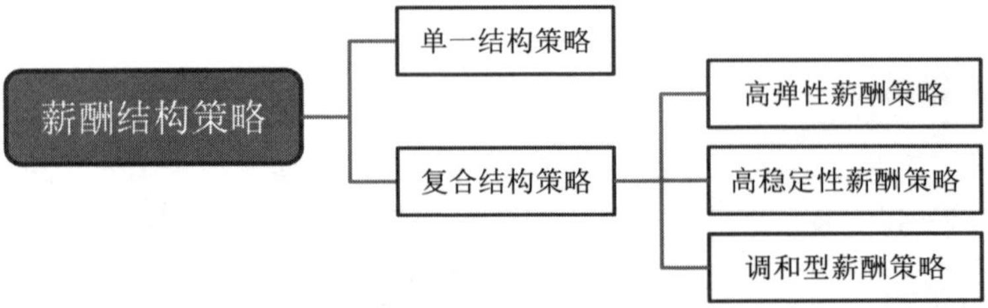

图 2.3　薪酬结构策略

1. 单一结构策略

单一结构策略是指企业只支付单一的工资，不区分薪酬项目，即不设立奖金、津补贴、福利等项目。这种结构在企业中应用得较少，只适用于短期劳动合同员工或兼职人员。

2. 复合结构策略

复合结构策略将薪酬划分为不同的项目。一般来说，大多数企业会设置基本工资，以达到保障作用；设置绩效工资（奖金），以达到激励作用。此外，很多企业会针对不同岗位或不同类别的员工设置津补贴，比如，对某些技术岗位的员工设置技术津贴，对操作岗位的员工设置技能津贴，对生产岗位的员工设置夜班补贴等。

在复合结构策略中，薪酬结构的主要作用在于解决固定薪资（主要指基本工资）和浮动薪资（主要指绩效工资）所占的比例。可供企业选择的复合结构策略有高弹性薪酬策略、高稳定性薪酬策略和调和型薪酬策略。

（1）高弹性薪酬策略。

强调薪酬的激励性。绩效工资是薪酬的主要组成部分，基本工资处于次要地位，所占比例低（有些企业或岗位甚至为零）。这种薪酬结构策略决定了员工所获得的薪酬完全取决于其工作绩效。

（2）高稳定性薪酬策略。

强调薪酬的稳定性。基本工资是薪酬的主要组成部分，绩效工资处于次要地位，所占比例低（有些企业或岗位甚至为零）。这种薪酬结构策略决定了员工的收入较为稳定。

（3）调和型薪酬策略。

这种薪酬结构策略既考虑到薪酬的激励性，又考虑到薪酬的稳定性。绩效工资和基本工资各占一定的比例，当两者比例不断调和与变化时，这种薪酬结构策略既可以演变为以激励为主的高弹性薪酬策略，也可以演变为以稳定为主的高稳定性薪酬策略。

2.2.4 薪酬差距策略

在采用薪酬差距策略时，也需要考虑两个问题：第一，哪些因素会影响薪酬的差距；第二，薪酬差距究竟多大合适。影响薪酬差距的主要因素有岗位、技能、业绩等。

根据差距大小，薪酬差距策略分为三种类型，即高差距策略、平均化策略和适度差距策略。

1. 高差距策略

采用这种策略的企业，不同岗位或人员之间薪酬差异较大，对员工的激励性较强，强调竞争。

2. 平均化策略

平均化策略强调团队协作，这种策略使人员配置更加灵活（因为调岗的薪酬差异不大，员工更容易接受），但激励性不足。

3. 适度差距策略

采用这种策略的企业，平衡了薪酬的公平与效率，兼具保障性和激励性。

2.2.5 薪酬增长策略

为了保证自己的薪酬体系具有长期的激励性，一般情况下，企业会定期或不定期地增长薪酬。

薪酬增长策略分为三种类型，即高速增长策略、市场增长策略和限制增长策略。

1. 高速增长策略

当企业处于快速发展期、对人力资源需求较高时，薪酬增长的速度可高于市场水平。

2. 市场增长策略

采用市场增长策略，即采用外部市场平均增长速度。

3. 限制增长策略

当企业经营状况不良、薪酬支付能力较低时，一般会放慢薪酬增长速度或选择不增长甚至负增长。

一般来说，薪酬增长的速度小于企业收入（利润）增长的速度。

【延伸知识】薪酬增长现状

国家统计局在2017年5月公布了2016年的平均工资数据。2016年，中国企业平均工资增长率为6.7%，这个数据低于2015年的7.4%。

在私营单位中，平均工资增长率最高的3个行业依次为金融业，电力、热力、燃气及水生产和供应业、房地产业，分别为12.2%、11.5%和10.3%。

国家出台的创新驱动发展战略也已显现成效。薪酬数据显示，一些新材料产业和装备制造业行业平均工资增长率高于全行业的平均增长率，也超出本行业上年同期增长率。其中，化学纤维制造业、仪器仪表制造业、汽车制造业的平均工资增长率分别为12.3%、9.7%和9.2%。

2016年，薪酬增长的另一个亮点是现代服务业。该行业的工资增长率大多高于平均工资增长率。其中，信息传输、软件和信息技术服务业工资增长率为9.3%，水利、环境和公共设施管理业工资增长率为9.7%，教育业工资增长率为11.9%，卫生和社会工作业工资增长率为11.9%，文化、体育和娱乐业工资增长率为9.8%，超过该行业8.9%的平均工资增长率。

2.2.6 薪酬支付策略

在采用薪酬支付策略时，需要考虑3个方面的问题：支付对象、支付周期和支付时间安排。

支付对象一般考虑是以个人为单位支付，还是以团队为单位支付。

支付周期一般分为年薪制、月薪制、周薪制、日薪制和时薪制。

支付时间安排包括现期支付或延期支付、上发薪制或下发薪制。月薪制中15日（含）之前发放工资为上发薪制，15日以后发放工资为下发薪制。

【延伸知识】薪酬支付周期

一般来说，薪酬支付周期因行业、岗位的不同而有所不同。比如，餐饮业的临时工工资一般采用时薪制，建筑装修、服务行业的“蓝领”工资一般采用日薪制，大部分企业和岗位的工资一般采用月薪制，高级管理者的工资一般采用年薪制。

薪资支付周期不同，主要是因为工作特点和工作绩效考核方式不同。工作周期短、绩效计量简单的工作岗位适合薪酬支付周期短的策略；工作周期长、绩效计量比较复杂的工作岗位适合薪酬支付周期长的策略。

比如，企业高层管理人员一般采用年薪制，他们的薪酬一般以基本年薪、年终奖金、股票期权等组成的“薪酬包”形式出现。因为高管的工作一般是年初制订计划，到年底才能体现出工作成果，并且其属于高薪阶层，所以采用年薪制不会影响其日常生活。而对于工作弹性大、操作性强、绩效易量化的建筑安装、服务行业，采用周薪制、日薪制就比较合适。

第 3 章
岗位价值评估

岗位价值评估是指在工作分析的基础上，对岗位在企业或组织中的影响范围、职责大小、任职条件、工作强度、工作难度、工作条件等因素进行评价，以确定岗位在企业或组织中的相对价值的过程。

薪酬体系设计涉及岗位价值评估，是因为 4P 导向的付薪理念。

现代薪酬理念认为，企业主要为四方面支付薪酬：岗位（Position）、市场（Price）、绩效（Performance）和能力（Person）。其中，岗位的价值体现在岗位对于公司贡献的大小，用来确保内部公平性。4P 付薪理念如图 3.1 所示。

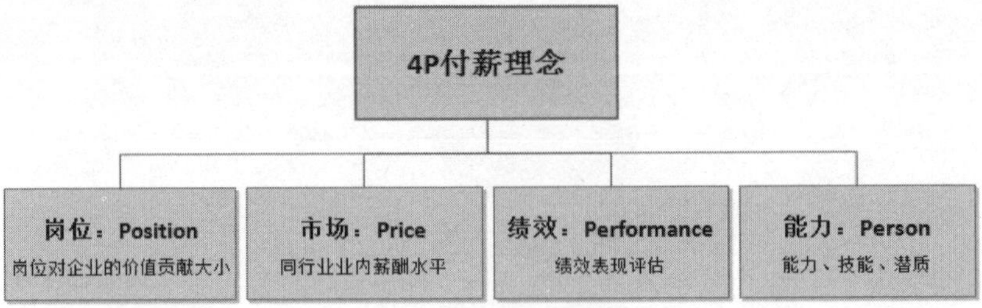

图 3.1 4P 付薪理念

3.1 哪些企业的薪酬体系需要做岗位价值评估

岗位价值评估是一件比较烦琐的事情，企业建立薪酬体系一定要做岗位价值评估吗？答案是否定的。那么，哪些企业需要做，哪些企业不需要做呢？

如果一家企业采取市场领先策略，且非常看重内部公平，则可以不对标外部，自设薪酬体系，需要做岗位价值评估。这种企业的薪酬的特点是，绝大多数岗位的薪酬都高于市场水平，保证了薪酬的竞争力。但各岗位的具体薪酬水平，则是按照内部岗位价值评估来确定的。比如，大型的制造行业、某些垄断行业的国有企业等。

相反，如果一家企业完全参考外部市场水平，则可以选择直接对标当地同行业市场水平或直接对标竞争对手的薪酬，不需要做岗位价值评估。所以，对于大多数初创的小型企业、采取市场跟随策略的企业来说，不需要做岗位价值评估。这种企业的薪酬体系建设的重点是及时获取外部数据。

对于大多数企业来说，薪酬体系的设计要兼顾内部公平性与外部竞争力。一般的做法是，投入少量成本获取部分外部薪酬数据（一般是关键岗位或标杆岗位），并以此作为锚定对其他岗位做价值评估，在确定每个岗位的相对岗位价值后，再根据岗位价值来确定薪酬水平。

另外，如果一个企业的战略目标清晰，组织结构、岗位设置等比较稳定，则这时的岗位价值评估结果也相对稳定。也就是说，这类企业适合做岗位价值评估。而初创时期的企业或业务发展变化太快、企业发展目标时常变化的企业，因为岗位价值评估的结果并不稳定，所以岗位价值评估的工作意义就不大了。

综上所述，需要和不需要做岗位价值评估的企业分类如表 3.1 所示。

表 3.1 需要和不需要做岗位价值评估的企业分类

	需要做岗位价值评估的企业	不需要做岗位价值评估的企业
企业特征	规模大、岗位多、成熟期	规模小、岗位少、初创期
薪酬水平策略	市场领先策略	市场跟随策略
战略及组织	战略目标清晰稳定、组织结构及岗位设置相对稳定	业务发展变化过快、没有清晰和稳定的战略目标、组织结构和岗位设置变动大

3.2 岗位价值评估实操步骤

岗位价值评估一般分为前期准备、具体操作、数据处理、结果体现四个阶段。由于每个企业的岗位数量、岗位复杂程度不同，在实际评估过程中，其方法和步骤也略有差异，但总的操作步骤是基本一致的。

3.2.1 岗位价值评估的前期准备

在进行岗位价值评估前，需要做一些准备工作。一般来说，需要做四项工作，如图 3.2 所示。

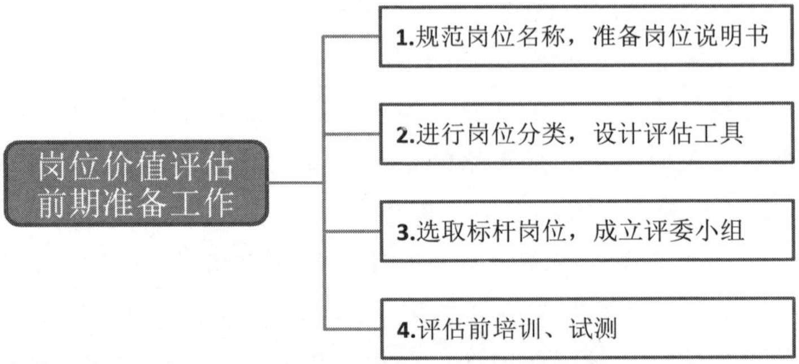

图 3.2　岗位价值评估前期准备工作

1. 规范岗位名称，准备岗位说明书

这一步骤看似简单，却是整个岗位价值评估工作的基础。尤其是大型的集团公司，其内部岗位众多，每个事业部 / 分公司对岗位管理的程度不同，很可能出现相同岗位的岗位名称不同，或者不同岗位却使用相同岗位名称的现象，还有可能出现岗位说明书缺失、错误等情况。因此，为保证后续工作的准确性，必须要做好基础工作。

【示例】岗位说明书

某公司培训经理岗位说明书，如表 3.2 所示。

表 3.2　某公司培训经理岗位说明书

培训经理岗位说明书					
岗位基本信息					
岗位名称	培训经理	岗位编号	10102	所属部门	培训部
部门编号	B010114	直接主管	市场部部长	职务类别	业务类别
现有编制	2	编制标准	3	分析日期	2017/6/9
关系性质	关系对象	工作联系内容			
直接上级	部长	汇报职责工作			
直接下级	无				

续表

<table>
<tr><td rowspan="4">内部联系</td><td>销售推进部</td><td colspan="2">对接城市客户经理业绩及具体概况</td></tr>
<tr><td>人力资源部</td><td colspan="2">对接入职人员概况，导师制激励的发放</td></tr>
<tr><td>行政部</td><td colspan="2">全国酒店预订</td></tr>
<tr><td>各条线部门</td><td colspan="2">培训的计划组织和实施</td></tr>
<tr><td rowspan="2">外部联系</td><td>外训机构</td><td colspan="2">选择优秀的拓展公司、沙龙、公开课等对接拓展方案</td></tr>
<tr><td>咨询公司</td><td colspan="2">选择优秀的外训讲师</td></tr>
<tr><td colspan="4">工作职责与具体内容</td></tr>
<tr><td>工作概述</td><td colspan="3">负责培训部年度规划项目的落地</td></tr>
<tr><td rowspan="10">岗位职责</td><td colspan="2">工作任务</td><td>工作标准</td></tr>
<tr><td>培训计划</td><td>针对公司要求制订月度、季度、年度培训计划</td><td>每月制订培训计划，且计划翔实、落地性强</td></tr>
<tr><td>培训执行</td><td>针对培训部制定的各类培训标准进行实时落地</td><td>各项标准按照计划落地实施并达到各个标准的目标</td></tr>
<tr><td rowspan="3">客户经理培训</td><td>开展城市客户经理通关培训，包括通知、开班、授课、考试、训后评估</td><td>完成每期通关培训，保证通关培训通过率达到55%及以上</td></tr>
<tr><td>述职总结、特训营课程编写</td><td>优秀经验总结成册，并进行分享；完成性价比较高的培训工作</td></tr>
<tr><td>开展导师制流程监控</td><td>保证导师一周内及时安排到位；入职一周和一个月进行及时电话调研；保证导师激励出错率为0</td></tr>
<tr><td>4S店关键人培训</td><td>出差进行授课、评估</td><td>完成4S店每月考核指标</td></tr>
<tr><td>总部职能培训模块</td><td>组织实施邀请讲师进行课程分享</td><td>学员参训率大于85%（含）；训后评估大于95%（含）</td></tr>
<tr><td>中层管理培训模块</td><td>设计调研方案，确定实战主题，宣导实战文化，实战总结，外租场地，外请老师</td><td>保证实战顺利进行，项目评估成绩大于95分（含）</td></tr>
<tr><td colspan="4">保密要求</td></tr>
<tr><td colspan="4">1. 安全级别：
2. 保密协议：　■参加　　□不参加　　□根据需要确定</td></tr>
<tr><td colspan="4">工作职权</td></tr>
<tr><td colspan="4">对本部门的工作流程有建议权</td></tr>
</table>

续表

任职资格	
教育水平	本科及以上
专业要求	市场营销、人力资源管理、企业管理等相关专业
工作经验	3 年以上相关工作经验
年龄要求	25～35 岁
技能要求	熟练掌握办公软件的使用及课程体系
执业资格	无
能力要求	具有较强的演讲和沟通能力、谈判能力、自我学习能力和应变能力
专业培训	■管理类培训 ■业务类培训 □财务类培训 ■法律类培训 □文秘类培训 ■礼仪类培训 □其他（请填写）
体能要求	□健康 ■健康，适应出差
其他	具有培训相关知识，组织或者实施过大型的培训项目
工作特征	
所用工具及设备	计算机：□台式 ■笔记本 专用设备：无 其他：无
工作环境	■室内办公场所 □室外办公场所
工作时间	□标准工作时间 ■标准工作时间，可按需要加班或出差
是否驻外	□是 ■否

2. 进行岗位分类，设计评估工具

岗位价值评估方法有很多种，包括分类法、比较法、因素计分法等。

目前，比较常用的岗位价值评估方法是因素计分法。由于不同类别的岗位差异很大，建议 HR 针对不同类别的岗位设计不同的评估工具。比如，对于一般职能技术类的岗位而言，评估工具应在工作复杂性、自主性、任职资格等方面权重较大，而在劳动环境方面权重较小；对于操作类的岗位而言，评估工具应在劳动责任、劳动环境方面权重较大。

运用有针对性的评估工具会让同类岗位评估的效度更高，有利于区分同类岗位的价值差异。但这种方法是无法解决不同类别岗位的相对价值大小的。比如，无法确定 60 分（或 6 级）的职能岗位的价值是否低于 80 分（或 8 级）的操作岗位。在

实际操作中，并不用过多地纠结如何使用岗位评价工具来区分不同类别岗位的相对价值。不同类别岗位的薪酬一般是通过企业薪酬策略、外部市场情况等确定的。这也体现了岗位价值评估的特点，其评估的是相对价值而非绝对价值。

【示例】岗位价值评估工具

某公司管理序列岗位价值评估工具，如表 3.3～表 3.13 所示。

表 3.3　岗位要求的学历水平

等　级	学历水平
1	大专以下
2	大专
3	本科
4	硕士
5	博士及以上

注：胜任岗位工作最低的文化程度要求。

表 3.4　岗位要求的知识技能

等　级	知识技能
1	了解某一领域内某一细分专业的基本知识，初步具备相关业务技能，能够处理工作中可能出现的简单问题
2	基本掌握某一领域内某一细分专业的知识，基本具备相关业务技能，能够处理工作中出现的一般性、常规性问题
3	深入掌握某一领域内某一细分专业的特定知识，熟练掌握相关业务技能，能够判断和处理工作中出现的一些较为复杂的问题
4	深入理解某一领域内某一细分专业的深层理论和知识，能运用先进的知识与经验来创建新方法、方案与规程，并能将其运用于解决专业领域中的实际问题，能够判断和处理工作中出现的各种复杂的问题
5	精通某一领域内某个或多个细分专业的理论知识，广泛而深入理解某一领域内若干相关专业的理论和知识，熟练掌握多项业务技能，是某一领域内某一个或多个细分专业的专家，能够正确分析、判断和处理某一领域内的重大和复杂的问题
6	精通某一领域相关专业的理论知识与业务技能，并广泛理解其他领域的理论与实践知识，能够正确分析、判断和处理严重影响公司整体运营的重大和复杂的问题

表 3.5　岗位要求的工作经验

等　　级	工 作 经 验
1	1 年（不含）以下
2	1～2 年
3	3～4 年
4	5～7 年
5	8 年及以上

注：胜任岗位工作最低的相关工作经验要求。

表 3.6　岗位要求的下属人数

等　　级	下 属 人 数
1	0 人
2	1～2 人
3	3～10 人
4	11～20 人
5	21～50 人
6	50 人（不含）以上

注：包括直接和间接下级总人数。

表 3.7　岗位要求的管理难度

等　　级	管 理 难 度
1	不需要对其他岗位进行指导和监督
2	偶尔需要对其他岗位进行指导和监督，以便更好地完成本职工作
3	需要指导或监督其他岗位完成工作，但没有固定的下属
4	下属为从事一般标准化工作的普通员工，本岗位通常从事与下属相似的工作
5	下属中包括基层管理人员，本岗位大部分时间负责制定本领域制度、流程、操作规程和技术规范，进行任务分配、指导和审核，以及协调部门之间的工作等
6	下属中包括中层管理人员，本岗位大部分时间负责建立本部门工作标准、检查工作结果和处理例外突发事件，以及协调多个部门之间的工作等
7	下属中包括高层管理人员，本岗位大部分时间负责研究公司长远发展战略、做出重大决策，以及处理突发事件等

表 3.8　岗位要求的内部沟通

等　　级	内部沟通
1	和公司内部其他岗位基本无工作联系，不需要沟通和协调
2	和公司内部其他岗位存在简单的工作联系，仅限于例行性日常信息交流
3	和公司内部其他岗位存在一般的工作联系，需要一定的沟通技巧，以便沟通和协调特定工作上所需的信息或解释存在的问题
4	和公司内部其他岗位沟通频繁，需要有技巧地了解他人意见，并对一般难度的争议问题进行讨论和协调
5	和公司内部其他岗位存在复杂的工作联系，需要运用多种技巧获取有价值的信息，在提出或讨论一般难度问题时需要谋略、技巧和远见，以便寻求他人的合作和支持
6	工作中涉及公司内部高层或各业务单元 / 部门间复杂和困难的协调工作，需要高超的沟通技巧，能够果断采取有效措施解决问题，并整合公司内部高层或各业务单元 / 部门之间的不同意见

表 3.9　岗位要求的外部沟通

等　　级	外部沟通
1	很少需要与外界接触，甚至无须进行对外的工作联系
2	需进行指定范围内对外的日常工作联系和接触，向外部有关机构定期提供信息或办理日常事务
3	与特定的一些客户或机构保持良好的关系，在获取或提供信息时需要一定的礼仪与技巧
4	需经常主动开展及建立与外界的良好关系，保持多方面的接触，但联系性质相似，包括完成特定项目、确保客户接受公司的产品及服务、增进公司信誉等
5	对外工作联系涉及复杂且困难的状况，必须以娴熟的沟通技巧、人际关系技巧和应变能力来处理，处理方式和结果会影响公司的信誉和业务的成败
6	与那些对公司信誉、服务质量与利润有重大影响的机构或人士，通常包括客户、供应商、当地政府及其他公司人士等进行高难度的协商，需要极高的沟通技巧、人际关系技巧和应变能力，以促成公司重大问题的解决

表 3.10　岗位要求的工作独立性

等　　级	工作独立性
1	主管制定做什么、何时做和如何做，并在每一环节进行监督；职责清晰明确，按照既定的流程工作，但有时需要根据情况做出适应性调整

续表

等　级	工作独立性
2	主管制定做什么、何时做，并在主要环节进行监督；遵循常规的方法和实践工作，同时需要根据自己的经验和灵活性提高效率
3	根据上级主管制定的目标，遵循一般性的指导原则，较为独立地实施工作，工作过程及结果接受阶段性的检查和指导
4	根据上级主管制定的目标和原则性指导，基本独立地实施工作，工作结果接受上级检查
5	根据总体战略目标独立地实施工作，向上级定期汇报工作结果

表 3.11　岗位要求的工作复杂性

等　级	工作复杂性
1	工作中可能遇到的问题都很明确单一，属于常规性质问题，存在明确的、唯一的解决方案，只需要按照既定的行动计划，在明确的指示下例行公事
2	工作中可能遇到某些问题，问题已确定，存在多种备选方案，只需要按照既定的方法进行分析，并选择一种方案解决
3	工作中可能遇到各种各样的问题，问题已确定，存在一些备选方案，但不足以解决问题，需要按照既定的方法进行调查和分析，并选择最优行动方案
4	工作中可能遇到较复杂的情况，必须首先发现问题所在，并确定问题的性质，然后对问题进行有针对性的调查和分析，最后确定解决方案
5	工作中经常遇到极为复杂的情况，必须首先发现问题，并区分主要问题和次要问题，然后针对主要问题进行详细调查和深入分析，提出多个备选方案以备决策

表 3.12　岗位要求的工作创新性

等　级	工作创新性
1	岗位工作遵循既定的原则、流程或方法等，不需要创新
2	在遵循既定原则、流程或方法等基础上，工作中偶尔需要进行局部改良或改进
3	工作中需要对流程、工具、方法或管理体系等进行定期优化和提升，有时需要创造性地解决新问题
4	工作中需要对流程、工具、方法或管理体系等进行持续优化和提升，经常需要创造性地解决新问题
5	进行开创性的工作，在很少或没有先例可循的情况下，需要创造新的工具、方法、技术或构建新的管理体系等

注：通常工作的复杂性会随着岗位等级的提升和工作范围的增大而增大，但工作的创新性却不一定。

表 3.13　岗位要求的业绩影响

等　　级	影响范围
1	对专业工作业绩产生有限影响
2	对专业工作业绩产生较大影响
3	对专业工作业绩产生重要影响，或对部门业绩产生有限影响
4	对部门业绩产生较大影响
5	对部门业绩产生重要影响，或对公司业绩产生有限影响
6	对公司业绩产生较大影响
7	对公司业绩产生重要影响

3. 选取标杆岗位，成立评委小组

如果企业的岗位数量太多，则无须对所有岗位进行评估，选取标杆岗位进行评估即可。在标杆岗位的选取上，一般遵循以下原则。

（1）覆盖部门的主要职能 / 主要工序的关键岗位。

（2）岗位人员数量多、代表性强。

（3）不同部门的通用岗位。

（4）兼顾具有部门特点的个性岗位。

在评委的选取上，一般遵循以下原则。

（1）熟悉本部门及相关部门情况，了解业务和岗位的基本情况。

（2）处事公正、客观，在员工中有一定的影响力和威望。

（3）基层员工代表所占比例一般要达到 50% 及以上，以保证员工参与度高，便于未来推行。

4. 评估前培训、试测

在进行岗位价值评估前，一定要对评委进行培训，强调岗位价值评估的意义和评估工具的操作方法，并对如何使用岗位说明书进行讲解。

如果施测范围大、评委多、上级重视，最好在正式评估前做小规模的试测，以保证正式评估的有效性。

3.2.2　岗位价值评估的具体操作

在做好岗位价值评估的前期准备工作后，进行岗位价值评估的具体操作就比较简单了。

1. 岗位价值评估的操作方式

实际评估工作可以采用纸面评估，也可以采用上机操作。由于纸面评估后期录入数据工作量较大，建议有条件的企业采取上机操作的方式。如果企业有用于培训或教学的机房，则 HR 可以组织评委在规定的时间统一上机，这样的集中操作方式有利于组织者观察现场情况和解答问题。如果没有条件，则 HR 可以用程序或邮件的方式让评委在自己的电脑上作答，并在规定的时间内提交。但要注意，如果采用在自己的电脑上作答的方式，需要提前做好培训工作，如提前开会强调岗位价值评估工作的重要性和保密性。

评委进行岗位价值评估，就是将各个待评估岗位的具体内容与要素标准进行对比，从而得到每个岗位的价值分数。

2. 岗位价值评估的注意事项

在进行岗位价值评估时，需要注意以下 4 个方面。

（1）岗位价值评估针对的是岗位，无须考虑岗位任职者的相关情况，即“对岗不对人”。

（2）建议先就一个评分要素将所有岗位的价值分数打完，这样可以保证评分标准的一致性。

（3）防止漏打分，这一项可以通过设计查漏功能实现。

（4）注意及时保存。

3.2.3 岗位价值评估的数据处理

数据处理这一步骤，说复杂挺复杂，说简单也挺简单，取决于企业对岗位评估分数精确度的要求。如果企业对岗位评估分数精确度的要求不高，可以直接采用每个岗位评估分数的平均值；如果企业对岗位评估分数精确度的要求很高，最好采用统计学的方法来处理数据，这样得到的结果更有权威性。

1. 剔除高度异常值

在进行数据统计分析前，首先要剔除高度异常值，以保证数据的有效性（类似于在比赛中统计选手分数时，常常会去掉一个最高分和一个最低分）。在统计学中，岗位价值评估的数据一般呈正态分布。在一组测定值中，与平均值的偏差超过两倍标准差的测定值，称为异常值；与平均值的偏差超过三倍标准差的测定值，属于高度异常的异常值。在处理数据时，应剔除高度异常的异常值，即剔除高于及低于平均分三倍标准差的分数。在剔除高度异常值之后，再对岗位评估分数求平均值。平均值和标准差可以运用 Excel 中的函数进行计算。平均值的函数为 AVERAGE；标准差的函数为 STDEVP。

2. t 检验

如果需要评估的岗位过多，通常会设置多组评委，由每组评委评估一部分岗位。这就存在一个问题：不同组的评委是否采用了相同的评估标准？

从理论上来说，如果评委的选择是随机的，则根据统计学相关理论，随机误差可以因样本足够大而忽略不计。但在实际中，我们很难保证评委的选择完全符合随机原则，那么所得到的评估数据就可能出现系统误差（如第 1 组评委的评估分数整体高于第 2 组评委的评估分数），所以需要用统计学中的 t 检验来检验并查看不同组评委的评分是否一致（如果所有岗位都由一组评委评估，就不存在以上问题）。

需要注意的是，在统计学中，如果评委人数大于 30 人，也可以使用 Z 检验。但 t 检验是适用于小样本的更为严格的检验方法，这里建议选择 t 检验。如果两组评委对共同岗位评分的 t 检验结果显示没有差异，则可以证明两组评委在评估标准上没有差异，评估结果可以使用。t 检验在 Excel 中的函数为 TTEST。

3.2.4 岗位价值评估的结果体现

1. 岗位等级矩阵表

在得到岗位价值评估结果后，就可以构建岗位等级矩阵表。在构建岗位等级矩阵表前，首先要考虑设置几个等级及怎样设置等级；其次，根据分数划分标准，将评价的岗位放入岗位等级矩阵表中；再次，将岗位等级矩阵表初稿向集团领导、各部门反馈，根据反馈意见进行适当修改；最后，在确定评估的岗位等级后，根据标杆岗位确定其他岗位的等级，最终形成岗位等级矩阵表。

【示例】岗位等级矩阵表

某企业岗位等级矩阵表（节选技术部岗位），如表 3.14 所示。

表 3.14 某企业岗位等级矩阵表（节选技术部岗位）

等级	技术中心	得分	开发部	得分	测试部	得分	运维部	得分
12	总监	888.19						
11								
10	副总监	675.33						

续表

等级	技术中心	得分	开发部	得分	测试部	得分	运维部	得分
9			开发经理	455.88				
8			架构师	433.43	测试经理	428.81		
7							运维主管	346.06
6			高级工程师	275.95			高级运维工程师	259.46
5			开发工程师	225.14	测试工程师	217.52	运维工程师	245.78
4			初级工程师	181.29			数据库管理员	177.15
3							IT 网管 视频制作员	154.71
2								
1								

2. 岗位系数表

岗位系数表是一个很好的工具，它能够将看不见、摸不着的岗位价值量化，还可以方便地转化为薪级薪档表。这样一来，我们就把岗位价值和薪级薪档表联系在一起。在不考虑外部薪酬情况的企业里，岗位价值是非常重要的定薪依据。

【示例】岗位系数表

某企业操作岗位系数表，如表 3.15 所示。

表 3.15　某企业操作岗位系数表

级别	级差	档差	一档	二档	三档	四档	五档	六档
15	7%	0.18	3.88	4.06	4.24	4.42	4.60	4.78
14	7%	0.18	3.63	3.81	3.99	4.17	4.35	4.53
13	7%	0.16	3.39	3.55	3.71	3.87	4.03	4.19
12	7%	0.16	3.17	3.33	3.49	3.65	3.81	3.97
11	7%	0.14	2.96	3.10	3.24	3.38	3.52	3.66
10	7%	0.14	2.77	2.91	3.05	3.19	3.33	3.47
9	7%	0.13	2.59	2.72	2.85	2.98	3.11	3.24
8	7%	0.13	2.42	2.55	2.68	2.81	2.94	3.07

续表

级别	级差	档差	一档	二档	三档	四档	五档	六档
7	7%	0.12	2.26	2.38	2.50	2.62	2.74	2.86
6	7%	0.12	2.11	2.23	2.35	2.47	2.59	2.71
5	7%	0.11	1.97	2.08	2.19	2.30	2.41	2.52
4	7%	0.11	1.84	1.95	2.06	2.17	2.28	2.39
3	7%	0.10	1.72	1.82	1.92	2.02	2.12	2.22
2	7%	0.10	1.61	1.71	1.81	1.91	2.01	2.11
1	0%	0.09	1.50	1.59	1.68	1.77	1.86	1.95

3.3 【思考】集团公司岗位价值评估的评估量过大怎么解决

因为企业的规模、多元化经营程度等存在差异，所以，对不同企业进行岗位价值评估的难度也不尽相同。规模越大、多元化程度越高的企业，岗位的数量和类别越多，岗位价值评估的难度也就越大，尤其是集团公司。因此，如何开展集团公司的岗位价值评估是一个值得探讨的课题。

1. 评估方式：二级评估与分组评估

为解决评估工作量过大的问题，可以采用二级评估、分组评估的方法。

（1）二级评估。

二级评估是指通过两轮不同评委的评估完成整个评估工作。

适用范围：集团公司的二级单位多，且各二级单位岗位多、差异大。如果二级单位多，且每个二级单位又有很多岗位，则仅通过一级评估就完成整个评估工作是不可能的。对于这种情况，就可以采用二级评估的方式。

具体方法：首先进行一级评估，即从每个二级单位挑选出标杆岗位，由整个集团公司选出的一级评估评委（来自各部门和二级单位）来评价这些岗位；其次进行二级评估，即二级单位自己选出评委来评估本单位的所有岗位。这样的方式既考虑到集团公司一级评估的公平性，又考虑到二级单位评估的全面性。

（2）分组评估。

分组评估是指将评委分组，不同组评委评估不同岗位的评估方式。

适用范围：评委比较熟悉的、通用性较强的岗位。比如，如果职能部门的岗位很多，则可以将岗位分组，由不同组评委分别评估。

这种方法的假设：假设不同组的评委评估标准没有差异，那么通过分组评估得到的结果与一组评委的评估结果是一致的。为满足这一假设，分组评估对评委、评估岗位和评估环境有一定要求，以保证评估过程中没有其他变量影响评估结果。

对评委、评估岗位和评估环境的要求：①每组评委人数最好大于 30 人，满足大样本；②评委随机分组，且每组人数尽量相同；③每组评委的构成保证一致，不同组评委接受相同的岗位价值评估培训；④每组评估环境尽量保证一致；⑤每组评估岗位的数量尽量相同，岗位分类一致（如两组都评价同一类岗位或同几类岗位），同类的岗位数量尽量相同；⑥每组应用相同的评估工具。另外，操作的时候最好能有试测环节。选取少量岗位，让不同组评委进行评估，并检验不同组评委的评估分数在统计学上是否有差异。如果有差异，则要找出差异原因，并形成解决方案。

2. 数据处理：拟合矫正

拟合矫正是针对二级评估的统计学处理。在实际操作中，二级评估很可能出现有的单位评估分数整体偏高，即评估标准不统一的问题。此时，可以进行拟合矫正，具体方法是：首先选取各单位标杆岗位的一级和二级评估分数，然后通过建立回归模型构建函数关系，从而得到二级评估岗位的矫正分数，最后以矫正分数作为最终的评分结果。

3. 集团公司岗位价值评估的方法和步骤

进行集团公司岗位价值评估一般需要四步，即评估准备、评估实施、数据处理和矩阵构建，如图 3.3 所示。

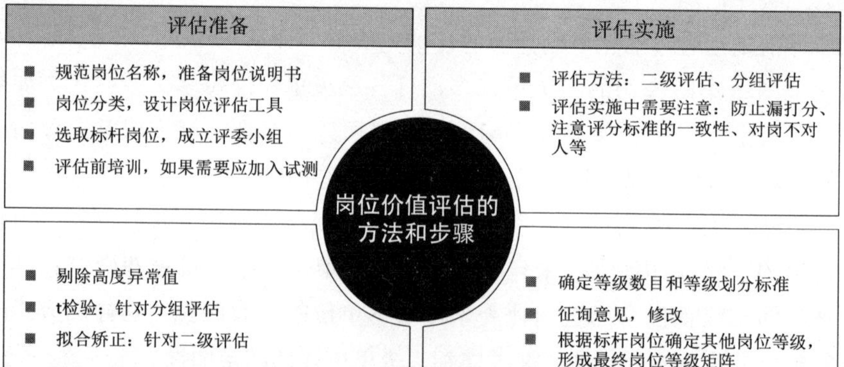

图 3.3　集团公司岗位价值评估的方法和步骤

4. 常见问题及对策

针对集团公司的岗位价值评估，可以总结出以下常见问题及对策，如图 3.4 所示。

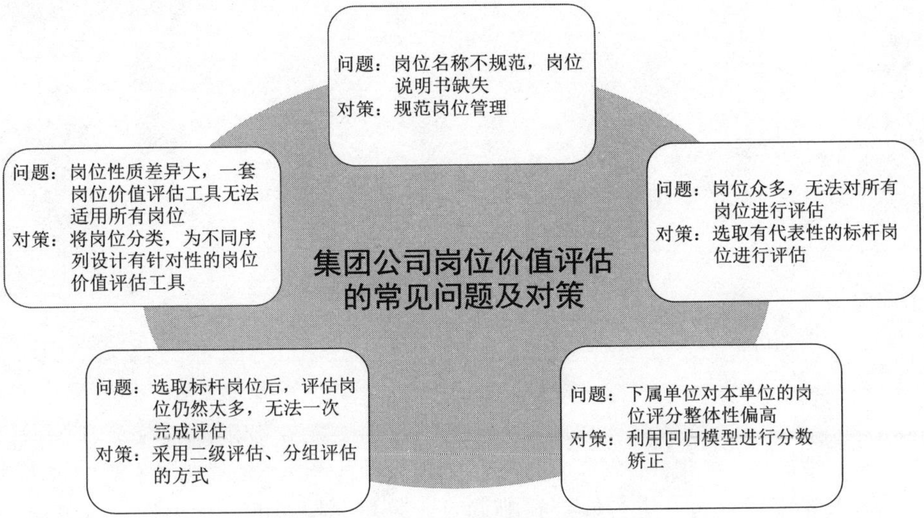

图 3.4　集团公司岗位价值评估的常见问题及对策

第 4 章

外部薪酬调查

了解人才市场行情，进行外部薪酬调查，是薪酬模块的一项工作。尤其是采用市场领先策略和市场跟随策略的企业，对外部薪酬信息是十分重视的。

对于大多数的企业来说，进行外部薪酬调查都是必要的。然而，不同的企业进行外部薪酬调查的目的是不一样的。在完全竞争行业中，一个企业会和同行业的其他企业在各方面进行竞争，其中当然包括吸引外部人才。对于一些垄断行业来说，尽管外部薪酬调查不用做得非常细致，但也需要了解一些基本信息。比如，企业 HR 需要知道本企业的薪酬水平在全行业乃至全地区大致处于什么水平，是否具有竞争力等。

4.1 薪酬调查对象和获取外部薪酬数据渠道

在进行外部薪酬调查前，需要了解对标（调查）对象是哪些，以及从哪些渠道可以获取调查对象的薪酬信息。

4.1.1 薪酬调查对象

在企业进行外部薪酬调查时，需要调查的对象包括以下两类。

（1）本地区、本城市和本行业的薪酬。采用市场领先策略和市场跟随策略的企业，需要将这些数据作为制定本企业薪酬水平的重要参考依据。

（2）关键竞争对手的薪酬。

薪酬调查的对象之所以是上述两类，是因为人才主要在本地区、本城市和本行业内流动。另外，一些竞争极其激烈的行业，人才一般在互为竞争对手的企业间流动。

4.1.2 获取外部薪酬数据渠道

获取外部薪酬数据的渠道有很多种，比如，专业信息调查机构、企业间的数据共享、公开信息（招聘网站上的薪酬信息）、应聘人员和离职人员的薪酬信息，如图 4.1 所示。其中，专业信息调查机构数据全面、获取快捷、真实性较为可靠，是获取数据的最有效渠道。本节主要介绍通过专业信息调查机构购买薪酬报告的注意事项。

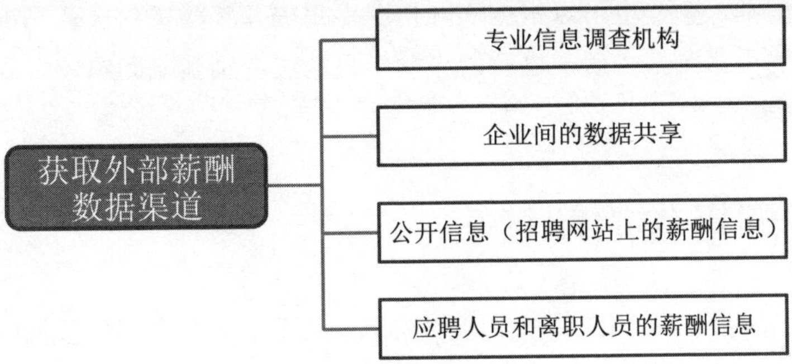

图 4.1 获取外部薪酬数据渠道

通过专业信息调查机构购买薪酬报告，需要注意以下 5 个方面。

（1）了解清楚第三方机构的薪酬信息是如何获取的。

有的薪酬报告是根据招聘网站的岗位薪酬信息统计的，这样的薪酬报告不建议购买。一方面，来自招聘网站的岗位薪酬信息是由应聘人员自己填写的，存在虚高的可能；另一方面，这些薪酬信息范围比较宽泛，如月薪 10 000～15 000 元（含）、15 000～25 000 元（含）、25 000 元以上。此外，这些薪酬信息缺乏薪酬结构信息，比如，缺乏薪酬构成，基本工资、奖金和提成的比重，年终奖的有无等信息。

（2）如果需要节省成本，则无须将企业内所有岗位的薪酬报告都购买下来。

目前，专业信息调查机构的薪酬报告大多数是以岗位多少议价的，HR 可以选择公司的关键岗位或标杆岗位进行购买。

（3）第三方机构提供的岗位，可能与企业实际的岗位有出入，一定要仔细分析和比对。

常出现的问题有：虽然岗位名称相同，但实际上是不同的岗位；虽然是相同的岗位，但企业内的岗位名称和第三方机构的岗位名称不同；虽然是同一类岗位，但还需要再细分，比如，在研发岗位中，研发工程师和软件工程师可能还要细分为初级、中级、高级等。

（4）薪酬报告必须是本地区、本城市和本行业的，否则薪酬数据差异较大，参照对比没有意义。

（5）在购买薪酬报告前，最好向第三方专业机构要一份样例报告。

一份合格的薪酬报告要有岗位名称、岗位简要描述、所属行业、不同公司性质（外商独资、合资、民营、国有等）下的薪酬分布（中位值、75 分位值、90 分位值等）和薪酬构成等信息。如果是一份较为详细的薪酬报告，还会按照学历、工作年限等提供更为详细的信息。

一般来说，企业可以按年度购买薪酬报告，对企业的薪酬信息进行相应的更新。但是考虑到成本，企业也可以根据实际情况，每隔几年购买一次薪酬报告，或者在某一个年度购买薪酬报告后，之后的一两年只购买个别薪酬问题较多或需要调整的岗位的相关薪酬数据。

4.2 薪酬报告的解读

在获取薪酬报告后，HR 首先需要读懂薪酬报告，并从繁多的数据中抓住重点信息，然后正确使用薪酬报告。

案例中的薪酬报告是某专业信息调查机构制作的。本小节以此为例来阐述如何看懂薪酬报告。

【案例】某专业信息调查机构薪酬报告

2015 年，青岛市某互联网民营企业想重新设计企业的薪酬体系。因为该企业对外部薪酬水平不了解，所以该企业购买了某专业信息调查机构的薪酬报告。该专业信息调查机构根据该企业需要调查的岗位，提供了薪酬报告，如图 4.2、图 4.3 所示。

该报告分为两页，包括概述和细分参考两部分，涵盖了调查岗位的基本信息、薪酬水平、薪资组成和福利分析、细分薪酬数据等信息。

职位：财务总监
Position:Finance Director

行业：互联网
Industry: Internet

省/市：青岛
Province/City : Qingdao
编码/ Position Code: QD-INTN-AC-4

职位描述

1. 高层管理职位，协助决策层制定公司发展战略，负责其功能领域内短期及长期的公司决策和战略，对公司中长期目标的达成产生重要影响；
2. 负责公司财务策略的制定，包括会计管理、财务流程、内部审计、成本控制和投资研究分析；
3. 负责公司财务管理及内部控制，根据业务发展计划制定年度预算，并跟踪其执行情况；
4. 制定、实施公司经济、财务标准，以满足风险控制的要求；
5. 改进并完善现有财务流程，不断提高资金的利用率和工作效率。
6. 负责制定和执行与公司愿景目标相一致的财务策略。

JOB DESCRIPTION

1.Senior Management. Work with other members of the Directors Team to provide the vision, leadership, technical competence and management required to achieve the company's long-term objectives;
2.to formulate the Company's financial strategy systems, including accounting management, financial plans, finance procedure, internal audit, cost control and investment research;
3.to be in charge of the Company's financial management and internal control, and to draw up and follow up the annual financial budget based on the Company's business development;
4.to formulate and implement the Company's economic and financial criteria with the requirements of risk control;
5.to improve the current procedures to increase the funds' utility and efficiency;
6.to formulate and implement the financial strategies with the company objectives.

快速索引数据/ Index Data

全国本年平均年薪 National Average Annual Compensation	￥279,144
城市本年平均年薪 City Average Annual Compensation	￥264,437
本城市本行业平均年薪 Industry Average Annual Compensation	￥328,228
预计2016年增幅 2016 Annual Raise	7.47%
本科以上学历比例 % of Sample with Bachelor Degree of Above	69%
平均工作年数 Average Year of Work Experience	9.21 年
本行业总样本数 Sample Size	76
2014年离职率 Turnover Rate	17%

福利分析/ Benefits

	享有者比例 % Eligible	平均值 Average
法定福利个人缴纳部分（月） Social Security (Individual/ Monthly)	100%	￥1,282
法定福利企业缴纳部分（月） Social Security (Company/ Monthly)	100%	￥3,598
培训计划（月） Training Plan (Monthly)	58%	￥718
商业医疗保险（月） Commercial Health Insurance (Monthly)	42%	￥53
商业人身意外险（月） Commercial Accidental Insurance	49%	￥18
补充养老保险（月） Supplementary Pension Plan (Monthly)	6%	￥319
补充住房公积金（月） Supplementary Housing Fund (Monthly)	0%	￥0
有薪假期（天/年） Paid Leave (Day/ Year)	100%	13.19

本行业薪酬水平按公司性质分布/ By Company Type

公司性质 Company Type	中位值 Median	75百分位值 75th%ile	90百分位值 90th%ile	平均值 Average	相当于平均年薪的倍数 Ratio to Average
外商独资（欧美企业） Wholly Foreign Owned Company (European and American)	￥395,355	￥595,637	￥856,620	￥463,317	1.41
外商独资（非欧美企业） Wholly Foreign Owned Company (Other Nationalities)	￥315,593	￥474,489	￥684,637	￥369,592	1.13
合资/合作企业 Joint Venture/ Cooperative Company	￥299,913	￥455,769	￥655,194	￥353,200	1.08
民营企业 Local Private Company	￥261,682	￥397,202	￥572,909	￥307,876	0.94
国有企业 State Owned Company	￥292,380	￥443,392	￥638,465	￥343,651	1.05
行业平均 Industry Average	￥281,642	￥420,408	￥602,799	￥328,228	1.00

薪资组成 C&B Component

公司性质 Company Type		民营企业 Local Private Company	
薪资项目 Compensation Component		享有者比例 % Eligible	平均值 Average
月基本工资	Monthly Base Salary		￥ 20,241
月固定津贴	Monthly Allowance	63%	￥ 1,191
月奖金/提成	Monthly Bonus/Commision	23%	￥ 4,448
月其它浮动收入	Other Monthly Income	20%	￥ 393
月总收入	Total Monthly Pay		￥ 22,089
年奖金收入	Annual Bonus	67%	￥ 50,047
月薪数量	Monthly Salary Multiplier		12.42
总年薪	Total Annual Compensation		**￥307,876**

外语水平 Foreign Language Proficiency

	分布% Distribution	平均值 Average
一般 Average	32%	￥298,804
良好 Good	40%	￥328,193
熟练 Very Good	20%	￥359,387
精通 Excellent	7%	￥373,449

图 4.2 薪酬报告（概述）

综合分析/ Comprehensive Analysis

公司性质 Company Type	学历	人民币/年	RMB/Year	工作年资（年） Work Experience（Years） < 2	2–3	3–5	5–8	8–10	> 10
民营企业 Local Private Company	中专 Technical Secondary School	平均值	Average	¥ -	¥ -	¥ -	¥ -	¥ -	¥ -
		中位值	Median	¥ -	¥ -	¥ -	¥ -	¥ -	¥ -
		75百分位值	75th%ile	¥ -	¥ -	¥ -	¥ -	¥ -	¥ -
		90百分位值	90th%ile	¥ -	¥ -	¥ -	¥ -	¥ -	¥ -
	大专 College	平均值	Average	¥ -	¥ -	¥ 181,512	¥ 217,259	¥ 281,525	¥ 359,948
		中位值	Median	¥ -	¥ -	¥ 152,508	¥ 179,236	¥ 236,399	¥ 321,507
		75百分位值	75th%ile	¥ -	¥ -	¥ 227,090	¥ 273,015	¥ 367,728	¥ 469,012
		90百分位值	90th%ile	¥ -	¥ -	¥ 304,238	¥ 372,845	¥ 516,188	¥ 696,881
	本科 Bachelor	平均值	Average	¥ -	¥ -	¥ 234,904	¥ 282,192	¥ 364,311	¥ 466,342
		中位值	Median	¥ -	¥ -	¥ 197,156	¥ 232,708	¥ 305,581	¥ 416,313
		75百分位值	75th%ile	¥ -	¥ -	¥ 294,222	¥ 354,756	¥ 476,499	¥ 608,285
		90百分位值	90th%ile	¥ -	¥ -	¥ 394,626	¥ 484,680	¥ 671,090	¥ 904,845
	硕士 Master	平均值	Average	¥ -	¥ -	¥ 292,668	¥ 349,630	¥ 452,648	¥ 579,457
		中位值	Median	¥ -	¥ -	¥ 245,359	¥ 287,612	¥ 379,042	¥ 516,755
		75百分位值	75th%ile	¥ -	¥ -	¥ 367,012	¥ 440,575	¥ 593,255	¥ 757,354
		90百分位值	90th%ile	¥ -	¥ -	¥ 492,849	¥ 603,409	¥ 835,410	¥ 1,129,034
	博士 Doctor	平均值	Average	¥ -	¥ -	¥ 367,806	¥ 439,636	¥ 564,640	¥ 721,750
		中位值	Median	¥ -	¥ -	¥ 308,683	¥ 362,131	¥ 472,653	¥ 643,390
		75百分位值	75th%ile	¥ -	¥ -	¥ 460,714	¥ 553,291	¥ 740,358	¥ 944,070
		90百分位值	90th%ile	¥ -	¥ -	¥ 617,974	¥ 756,787	¥ 1,042,982	¥ 1,408,563
	所有学历 All	平均值	Average	¥ -	¥ -	¥ 221,329	¥ 262,916	¥ 339,404	¥ 433,803
		中位值	Median	¥ -	¥ -	¥ 185,665	¥ 216,163	¥ 283,915	¥ 386,535
		75百分位值	75th%ile	¥ -	¥ -	¥ 277,373	¥ 331,475	¥ 445,400	¥ 567,911
		90百分位值	90th%ile	¥ -	¥ -	¥ 372,236	¥ 454,228	¥ 627,950	¥ 848,103
所有公司性质 Overall	中专 Technical Secondary School	平均值	Average	¥ -	¥ -	¥ -	¥ -	¥ -	¥ -
		中位值	Median	¥ -	¥ -	¥ -	¥ -	¥ -	¥ -
		75百分位值	75th%ile	¥ -	¥ -	¥ -	¥ -	¥ -	¥ -
		90百分位值	90th%ile	¥ -	¥ -	¥ -	¥ -	¥ -	¥ -
	大专 College	平均值	Average	¥ -	¥ -	¥ 192,728	¥ 227,707	¥ 292,309	¥ 374,351
		中位值	Median	¥ -	¥ -	¥ 161,807	¥ 187,172	¥ 244,200	¥ 333,368
		75百分位值	75th%ile	¥ -	¥ -	¥ 241,320	¥ 287,149	¥ 384,211	¥ 490,625
		90百分位值	90th%ile	¥ -	¥ -	¥ 323,568	¥ 393,579	¥ 542,485	¥ 733,558
	本科 Bachelor	平均值	Average	¥ -	¥ -	¥ 249,650	¥ 296,934	¥ 380,567	¥ 487,779
		中位值	Median	¥ -	¥ -	¥ 209,407	¥ 244,178	¥ 317,955	¥ 434,442
		75百分位值	75th%ile	¥ -	¥ -	¥ 312,890	¥ 374,294	¥ 500,172	¥ 639,104
		90百分位值	90th%ile	¥ -	¥ -	¥ 419,931	¥ 512,807	¥ 707,627	¥ 955,269
	硕士 Master	平均值	Average	¥ -	¥ -	¥ 311,233	¥ 368,830	¥ 474,745	¥ 608,371
		中位值	Median	¥ -	¥ -	¥ 260,796	¥ 302,711	¥ 396,272	¥ 541,524
		75百分位值	75th%ile	¥ -	¥ -	¥ 390,491	¥ 465,786	¥ 624,646	¥ 798,028
		90百分位值	90th%ile	¥ -	¥ -	¥ 524,647	¥ 639,385	¥ 882,810	¥ 1,194,279
	博士 Doctor	平均值	Average	¥ -	¥ -	¥ 391,337	¥ 464,786	¥ 594,140	¥ 760,071
		中位值	Median	¥ -	¥ -	¥ 328,306	¥ 382,157	¥ 496,072	¥ 676,531
		75百分位值	75th%ile	¥ -	¥ -	¥ 490,387	¥ 585,953	¥ 781,473	¥ 997,087
		90百分位值	90th%ile	¥ -	¥ -	¥ 658,043	¥ 802,902	¥ 1,104,104	¥ 1,492,286
	所有学历 All	平均值	Average	¥ -	¥ -	¥ 235,177	¥ 276,383	¥ 354,014	¥ 453,088
		中位值	Median	¥ -	¥ -	¥ 197,156	¥ 226,540	¥ 294,857	¥ 402,695
		75百分位值	75th%ile	¥ -	¥ -	¥ 294,927	¥ 349,474	¥ 467,017	¥ 596,062
		90百分位值	90th%ile	¥ -	¥ -	¥ 396,060	¥ 480,342	¥ 661,635	¥ 894,777

图 4.3 薪酬报告（细分参考）

4.2.1 基本信息

基本信息包括职位、所属行业、所在城市和职位描述。因为进行外部薪酬调查需要较精准的对标，所以基本信息不能忽略。当然，专业信息调查机构提供的职位一般是市场上较为通用的职位，虽然可能和企业的具体情况有细微差别，但是通过这部分信息尤其是职位描述，可以大概了解薪酬报告中的职位与企业职位的差别，从而确定职位的匹配程度。

4.2.2 薪酬水平

该报告通过快速索引数据和薪酬水平分布来介绍薪酬水平。

1. 快速索引数据

这部分概述了该职位在全国、城市和本城市本行业的平均年薪，并预测了该职位的薪酬年度增幅和一些其他相关信息。通过分析快速索引数据，HR 能够了解该职位各层面的薪酬情况，并预测其发展趋势。

2. 薪酬水平分布

薪酬水平分布是该报告的重点内容。该报告提供了不同公司性质的薪酬分位值，以及与行业平均水平的比例倍数。可以看出，2015 年到 2016 年，对于青岛互联网行业财务总监的薪酬水平来说，外商独资（欧美企业）最高，民营企业最低。

HR 可以将所在企业财务总监的年薪与该报告做对比，以了解本企业该职位的薪酬水平所处的市场位置。

如果本企业面向市场招聘该职位，可参考本行业民营企业平均薪酬（307 876 元）；如果希望吸引优秀人才，使薪酬更有竞争力，可参考 75 分位值（397 202 元）。

一般来说，如果一个公司希望吸引优秀人才加入或为了保留此职位上的优秀人才，则通常采用市场领先策略，会使用 75 分位值甚至更高水平的薪酬；如果一个公司要采用市场跟随策略，则可以参考中位值（260 682 元）。

4.2.3 薪资组成和福利分析

这部分阐述薪资组成和福利分析。

1. 薪资组成

通过薪资组成可以了解该职位月薪分为几部分，每一部分的享有者比例情况。从图 4.2 可以看出，青岛地区民营企业财务总监薪资组成包括：月基本工资 20 241 元，有 63% 的人享有月固定津贴 1191 元，有 23% 的人享有月奖金 / 提成 4448 元，有 20% 的人享有月其他浮动收入 393 元。该职位月总收入 22 089 元。另外，有 67% 的人享有年奖金收入 50 047 元。

2. 福利分析

通过福利分析可以了解该职位在市场上所能提供的各类福利数据和享有者比例。HR 可以将本企业的实际福利情况与市场的福利情况进行对比，作为优化该职位福利的参考。从图 4.2 可以看出，对于青岛地区财务总监职位来说，有 58% 的人员在企业享有培训福利，企业每月的培训费用支出为 718 元；有 42% 和 49% 的人享有商业医疗保险和商业人身意外险，每月分别为 53 元和 18 元。

4.2.4 细分薪酬数据

这部分对学历和工作年限进行深入分析，提供企业指定公司性质及所有公司性质不同分位值的薪酬水平。

通过对学历和工作年限进行双因素分析，HR 可以根据本岗位招聘人员的具体条件，制定不同的薪酬策略，从而降低用工成本，并合理保留员工。

比如，该企业 HR 想要了解民营企业、本科学历、工作 8～10 年的财务总监的薪酬，从图 4.3 可以找到市场平均年薪为 364 311 元，也可查询相应的中位值、75 分位值和 90 分位值。另外，在“所有公司性质”中罗列的数据可以帮助企业了解本地区本行业的整体行情，并通过这些数据判断企业现行薪酬是否具备市场竞争力。

【HR 应知应会小知识】薪酬分位值

从事 HR 工作的人一定了解分位值，那么分位值到底是什么呢？

分位值是统计学上的概念，简单来说，如果有 100 个数，按从小到大排列，排在第 10 位的即为 10 分位值，排在第 50 位的即为 50 分位值，也叫中位值，排在第 75 位的就是 75 分位值。在日常生活中，我们常常用到平均值，但比起平均值，分位值更能说明排列规律。

举个极端的例子，有 100 个数，分别是 99 个 1 和 1 个 10 000，平均数是 101（计算结果四舍五入是 101），中位值是 1（将这 100 个数从小到大排列，排在第 50 位的数字是 1）。那么这两个数据哪个更能代表这组数据呢？显然是中位值。因为分位值不会因为个别极端的数字而产生偏离。如果数字个数为奇数，则中位值是中间那个数；如果数字个数是偶数，则中位值是中间两个数的平均数。在日常计算中，常用 Excel 中的函数 PERCENTILE 来计算分位值。

常用的薪酬分位值有以下 3 个。

（1）中位值：表示有 50% 的数据小于此数值，反映市场薪酬的中端水平。

（2）75 分位值：表示有 75% 的数据小于此数值，反映市场薪酬的中高端水平，通常是比较有竞争力的薪酬水平。

（3）90 分位值：表示有 90% 的数据小于此数值，反映市场薪酬的高端水平，企业一般用此薪酬保留核心员工。

4.3 薪酬报告如何使用

HR 在获取薪酬报告后，怎样使用这些薪酬数据呢？

这就要涉及薪酬水平策略了，比如，一个以技术为核心竞争力的企业，要在企业内实行混合薪酬水平策略，即技术岗位执行市场薪酬的 75 分位值，其他岗位执行市场薪酬的 50 分位值左右。那么，HR 在获取薪酬报告后，可以将目前企业内岗位的薪酬水平和薪酬报告上的薪酬水平进行对比，分析本企业的薪酬数据和外部薪酬数据的差异（不仅包括薪酬水平的差异，也包括薪酬结构的差异），再在企业可以承受的范围内做调整。

在实际应用中，外部薪酬数据是企业确定薪酬水平策略的重要参考依据。但考虑到外部薪酬数据的准确性，即使采用市场跟随策略的企业，也不应该只依赖薪酬报告。大多数情况下，企业会将内部岗位价值评估和外部薪酬数据调查结合起来，既可以保证薪酬具有竞争力，又可以保证企业内部的公平性。

4.3.1 对比市场竞争力

无论企业采取哪种薪酬水平策略，都应参照市场薪酬标准。在获取薪酬报告后，HR 应该将企业薪酬和市场薪酬进行对比，以明确企业薪酬的外部竞争力。

外部竞争力可以用外部竞争比率来描述。其公式为：某岗位的外部竞争比率 = 企业薪酬平均值 / 市场薪酬中位值。当该比率大于 1 时，说明企业实际薪酬水平高于市场薪酬水平，薪酬水平领先于市场；小于 1 时，说明企业实际薪酬水平处于落后状态；约等于 1 时，说明企业实际薪酬水平与市场薪酬水平相当。

4.3.2 确定薪酬水平策略

薪酬水平策略的介绍可参见第2章。一般来说，企业会根据自身发展战略和用人需求，采取不同的薪酬水平策略。在确定薪酬水平策略时，要考虑吸引、保留人才，以及降低成本压力两方面因素。

4.3.3 确定薪酬范围

企业在确定某岗位薪酬水平时，一般不会只有一个单一的数，而是会根据职位层级确定该岗位的薪酬范围。在实际工作中，企业常常会用到宽带薪酬或分级工资。任职者的工作年限、工作经历、能力水平、学历、外语水平等因素都会影响其薪酬水平。

结合薪酬策略和外部薪酬数据，可以确定岗位的薪酬范围。由于企业薪酬变革所带来的成本压力，因此岗位任职员工的薪酬未必会调整到"正确"的位置。针对这种情况，一般有两种解决办法：一是重新考虑企业的经济承受能力，思考薪酬水平策略是否合适；二是任职员工的薪酬不一定直接"一步调整到位"，可以分步实施，减轻企业压力。

4.3.4 确定薪酬福利结构

因为各部门和各岗位在企业运营中所扮演的角色不同，所以其薪酬结构和福利也会有所差异。比如，销售类岗位奖金 / 提成占比较高，支持类岗位则以基本工资为主。HR 可以将薪酬报告作为参考。

4.4 【揭秘】专业信息调查机构如何制作薪酬报告

一份专业翔实的薪酬报告是如何制作出来的？薪酬报告的薪酬数据是否真实有效？作为企业的 HR，对这个问题是比较关心的。

1. 数据来源

专业信息调查机构的调研数据，主要是通过企业的实际调查信息获得的。现在的专业信息调查机构业务较广泛，如果机构提供猎头和招聘服务，那么猎头数据信息和个人薪酬信息就是重要的数据来源。

（1）企业调查信息：直接来源于企业的薪酬信息。专业信息调查机构会和一些企业达成合作，比如，某企业提供给专业信息调查机构真实的薪酬信息（专业信息调查机构承诺保密），当该企业需要薪酬报告时，专业信息调查机构会以优惠的价格出售给该企业，这是一种互利互惠的模式。这种模式的好处是，薪酬信息真实且全面，一般会涉及岗位的薪酬结构、月基本工资、月津贴 / 补贴、月奖金、月其他浮动收入、年度奖金、年总收入和福利项目等。

（2）猎头数据信息：很多专业信息调查机构都有自己的猎头团队或者合作的猎头机构，以便获得薪酬信息。通过猎头渠道的数据能够了解市场上高端岗位和人才的薪酬信息。由于市场上高端岗位和人才较为稀缺，这也是对第一种渠道信息的重要补充。

（3）个人薪酬信息：知名招聘网站的薪酬数据，会从其简历库中得到。比如，某招聘网站获取薪酬信息的方法是，首先从简历库中挑选出成功申请工作的简历，然后进行电话访谈，核实其薪酬信息，最后用简历库数据建立薪酬模型并进行趋势分析。

2. 制作流程

（1）数据收集：从各渠道收集薪酬数据信息。

（2）数据处理：剔除样本中的异常值、极端值。

（3）数据分析：选择影响薪酬的主要因素，如地区、行业、职位、企业性质等进行分析，并运用回归、拟合等统计方法研究这些因素和薪酬水平之间的关系，进而分析薪酬水平的整体趋势。

（4）形成数据库：专业信息调查机构的薪酬信息浩如烟海，目前都会采用数据分析平台，形成薪酬数据库。

（5）报告制作：根据客户的具体要求，从数据库中选取信息，制作薪酬报告。

第 5 章 薪酬结构

薪酬结构是指薪酬构成项目及其各自所占的比例。薪酬结构的各个项目，所发挥的作用是不同的。固定薪资不仅具有薪酬的“保健”作用，而且具有适应外部劳动力市场的功能；浮动薪资主要根据员工的工作业绩确定，主要具有激励作用；福利具有关怀作用。本章具体介绍薪酬结构及其设计思路。

5.1 薪酬各部分构成

绝大多数企业的薪酬结构都可以划分为四个部分，包括固定薪资、浮动（激励）薪资、津贴补贴和福利，如图 5.1 所示。

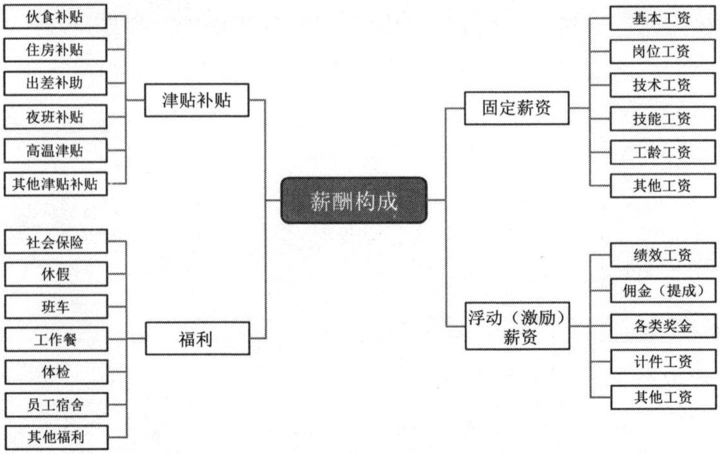

图 5.1 薪酬构成

5.1.1　固定薪资

固定薪资一般比较稳定，可以划分为基本工资、岗位工资、技术工资、技能工资、工龄工资、学历工资等。固定薪资一般和职级挂钩，对于职级较低的员工来说，其薪酬水平较低，所以固定工资占比较高。固定薪资的下限必须大于或等于当地最低工资标准线。

基本工资具有保障作用，岗位工资体现岗位价值。在实际工作中，薪酬结构简化是一种趋势，一些企业对这两项不做细分。

技术工资一般针对专业技术岗位，技能工资一般针对操作性岗位。一些企业将这部分工资并入基本工资或岗位工资，不再另外设置。

工龄工资的设置是为了鼓励员工长期在企业工作，学历工资的设置是为了吸引和保留高学历人才。这两项可以根据企业实际情况设置，但在设置时要注意，这两项的比重不可过大，以防产生不公平的现象。

5.1.2　浮动（激励）薪资

浮动（激励）薪资一般包括绩效工资、佣金（提成）、各类奖金、计件工资等。

1. 绩效工资

绩效工资一般与绩效结果挂钩。绩效工资的占比会考虑薪酬水平和职级。一般来说，职级较低的员工薪酬收入较低，绩效工资占比也较低。

2. 奖金

不同企业会根据实际情况设置不同的奖金类型。比如，针对销售的奖金有销售冠军（月度、季度、年度）奖、超额完成任务奖等；针对管理、技术的奖金有管理创新奖、技术革新奖等；鼓励员工按时出勤的全勤奖；通常和个人全年业绩挂钩的年终奖；还有特别贡献奖、安全生产奖、班组奖、优秀员工奖、优秀管理奖等。企业完全可以根据自身情况设置不同的奖项，以激励员工。

3. 销售佣金（提成）

根据销售额或回款额计提佣金（提成）的一种方法。

4. 计件工资

对于生产制造型企业来说，计件工资是常见的绩效工资形式。计件工资按照员工生产的合格品的数量（或作业量）和预先规定的计件单价来计算，适用于生产、仓储等部门。

5.1.3 津贴补贴

津贴是指补偿职工在特殊条件下的劳动消耗及生活费额外支出的工资补充形式。常见的津贴包括矿山井下津贴、高温津贴、林区津贴、山区津贴、驻岛津贴、艰苦气象台站津贴、保健津贴、医疗卫生津贴等。

补贴是为了补偿物价变动而设置的补偿。常见的补贴包括伙食补贴、住房补贴等。

5.1.4 福利

企业里的福利项目，有一些是国家法定强制要求的，如社会保险、休假等。另外，企业可以自行设置福利项目，如班车、工作餐、体检、员工宿舍、低息住房贷款，甚至进修学费补偿、母婴服务、健康服务等。这些都体现了企业的人性化关怀，也让企业在吸引人才方面更有竞争力。

5.2 薪酬结构设计的前提——岗位划分

一般来说，岗位性质不同，薪酬结构也会不同。所以在设计薪酬结构前，需要对岗位进行划分，即根据岗位的工作内容、工作性质对岗位进行归类。常见的岗位划分有五类，包括管理序列、操作序列、技术序列、销售序列和职能序列。有的企业会根据自身岗位性质进行微调，如运营序列、生产序列；有的企业某类人员人数占比较大，还会对序列进行细分，如销售序列、销售支持序列、销售管理序列。

管理序列是指在企业中从事管理工作，拥有管理职务的岗位的分类。这些岗位要承担计划、组织、领导、控制等职责，影响力大。在实际工作中，很多企业常用中层、高层的概念。有些企业中某项职能的管理者，如招聘经理属于管理序列，有些企业则把部门负责人及以上级别的岗位划分到管理序列。

操作序列是指在企业内部从事生产作业、仓储作业的岗位的分类。

技术序列是指在企业中从事技术研发、设计等岗位的分类。这些岗位需要具备一定的技术能力。

销售序列是指从事专职销售的岗位的分类。一般工作场所不固定。

职能序列是指在企业中承担支持、辅助、服务等职能类的岗位的分类。

【示例】薪酬结构设计

某公司薪酬结构，如表 5.1 所示。

表 5.1　某公司薪酬结构

岗位	固定薪资	浮动薪资				津　补　贴			福利
	基本工资	月度绩效工资	年度绩效工资	研发项目奖励	销售提成	技能津贴	人才津贴	其他补贴	
管理序列	√	√	√					√	√
职能序列	√	√					√	√	√
销售序列	√	√			√			√	√
技术序列	√	√					√	√	√
研发序列	√	√		√			√	√	√
操作序列	√	√				√		√	√

5.3　薪酬固浮比

薪酬固浮比是指固定薪资与浮动薪资的比例。不同的岗位序列和职级，其薪酬固浮比也不一样。

管理序列浮动（激励）薪资占比较高，一些企业的管理序列实行年薪制；操作序列固定薪资占比较高，除基本工资外，大多会实行计件工资制；技术序列除基本工资外，一些企业还会设置项目奖金、技能 / 技术津贴，以固定薪资为主；销售序列常常采用佣金（提成）制，或以绩效工资为主，基本工资占比较低；职能序列基本工资占比较高。

【案例】某企业各岗位序列的薪酬固浮比设置

某企业的岗位划分为管理序列、操作序列、技术序列、研发序列、销售序列和职能序列。在薪酬各部分的占比方面，该企业根据不同序列、不同职级合理设计薪酬固浮比，使整个薪酬体系同时兼顾薪酬稳定因素和激励因素两方面。

由于操作岗位的工作内容主要是按照操作流程工作，且薪酬水平相对较低，其薪酬固浮比设置为 85 : 15；职能、技术两个序列的薪酬固浮比设置为 75 : 25；管理序列按照职级的不同，设置两种薪酬固浮比，分别为 50 : 50（中层）、40 : 60（高层）。

在薪酬固浮比的设置上，第一要考虑岗位性质，第二可以参照标杆岗位和企业以往情况，并考虑员工的接受程度。

5.4 【思考】双通道/多通道模式如何设计薪酬

职业通道是指员工的发展路径。职业通道模式主要包括三类：单通道模式、双通道模式、多通道模式。根据职业性质的不同，职业通道可以划分为管理性、技术性、技能性职业通道。

1. 职业通道模式

单通道模式是指员工只能依靠晋升管理岗位，才能获得职位的晋升和薪酬的提高。双通道模式是指除了管理通道的晋升，专业人才还可以通过专业通道的晋升实现职位的晋升和薪酬的提高。多通道模式是指将双通道模式中的专业通道细分为多个专业技术通道。

实行单通道模式的企业，向上晋升的职位是有限的，这是因为管理岗位的数量是固定的，但员工向上发展的需求是普遍的。如果只能依靠晋升管理岗位，才能实现薪酬上涨，必然导致“僧多粥少”，竞争过于激烈。对于那些专业技术水平高但并不擅长管理的人才来说，一旦发展受限，激励不足，就很容易造成人才流失。

目前，很多企业认识到了这个问题，建立了员工职业发展双通道或多通道模式，一些管理水平较高的人才，走管理通道，承担更大的管理职责，成为管理人才；另一些不擅长管理的人才，走专业技术通道，在本岗位上不断提升专业技能，成为某个领域的专家。

2. 双通道/多通道模式薪酬设计

很多企业技术通道中的总工程师或首席技术专家的薪酬很高，基本可以达到副总经理的薪酬水平。一些以技术为核心竞争力的企业，首席技术专家的薪酬甚至比总经理还高。企业这样做，主要是为了吸引重要的技术人才。目前比较通用的双通道/多通道模式的薪酬设计方法有两种：一种是各通道使用相同的薪级表，根据对应的薪级体现薪酬的高低；另一种是各个通道使用不同的薪酬结构和薪级表，根据职称的不同对专业技术通道设计不同的技术补贴或专业职称工资，作为对基本工资或岗位工资的重要补充。

第一种方法举例：某国有企业的各通道对应薪级，如表 5.2 所示，其中，首席技术专家和首席研发专家的薪级高于管理序列的正处级。

表 5.2 某国有企业各通道对应薪级

薪级	管理序列	职能序列	技术序列	研发序列	销售序列
17			首席技术专家	首席研发专家	

续表

薪　级	管理序列	职能序列	技术序列	研发序列	销售序列
16	正处				
15		首席管理师	技术专家	研发专家	首席销售专家
14					
13	副处				
12			主任工程师	主任研究员	
11		主任管理师			高级销售主管
10					
9	正科				
8					
7		管理师	区域工程师	研究员	销售主管
6	副科				
5					
4		协理管理师	协理工程师	协理研究员	销售工程师
3					
2		管理员	技术助理	研发助理	销售助理
1					

第二种方法举例：某企业设置的专业通道人才补贴，如表 5.3 所示。

表 5.3　某企业专业人才补贴

职　称	专业人才补贴（月度）
首席技术专家	10 000 元
技术专家	5000 元
高级工程师	2000 元
工程师	500 元
助理工程师	200 元
技术员	100 元

第 6 章
薪级薪档与薪酬套档测算

薪酬设计的前几个步骤明确后，就需要用工具将思想落地，以便于在实际中操作应用。在实际工作中，各种薪酬工具、薪酬表格非常多。本章介绍一种薪酬工具——薪级薪档表。薪级薪档表可以协助 HR 进行日常的定薪、调薪；在薪级薪档表确定后，HR 可以根据企业的套档原则进行测算，从而确定薪酬体系的合理性。

6.1 薪级薪档设计

薪级薪档表要解决两个问题：第一，薪酬分多少层级（薪级）；第二，层级之间的关系如何（薪酬差异策略是采用高差距策略、平均化策略，还是适度差别策略）。

6.1.1 薪级、薪档的概念

薪级薪档表的应用原理是，将薪酬水平划分为不同级别，每个级别分不同档位。根据付薪理念，影响薪酬水平的主要因素是岗位。薪级薪档表相当于给薪酬提供了大的框架和小的单元——薪级薪档。通过薪级薪档表，HR 可以快速定位某个岗位、某个员工的薪酬水平；同时，薪级薪档表的设计考虑到了员工在岗位不发生变动的情况下的薪酬发展，延伸性较好。总而言之，薪级薪档表是比较好的薪酬工具。某企业的薪级薪档表如表 6.1 所示。

表 6.1 某企业岗位工资薪级薪档表

薪酬单位：元

薪级		薪档									
级别	级差	带宽	一档	二档	三档	四档	五档	六档	七档	八档	九档
15	7%	20%	3800	4040	4280	4510	4750	4990	5230	5460	5700
14	7%	20%	3550	3770	4000	4220	4440	4660	4880	5110	5330
13	7%	20%	3320	3530	3740	3940	4150	4360	4570	4770	4980
12	7%	20%	3100	3300	3490	3690	3880	4070	4270	4460	4660
11	7%	20%	2900	3090	3270	3450	3630	3810	3990	4170	4360
10	7%	20%	2710	2880	3050	3220	3390	3560	3730	3900	4070
9	7%	20%	2540	2690	2850	3010	3170	3330	3490	3650	3800
8	7%	20%	2370	2520	2660	2810	2960	3110	3260	3400	3550
7	7%	20%	2220	2350	2490	2630	2770	2910	3050	3190	3320
6	7%	20%	2070	2200	2330	2460	2590	2720	2850	2980	3110
5	7%	20%	1940	2060	2180	2300	2420	2540	2660	2780	2900
4	7%	20%	1810	1920	2030	2150	2260	2370	2490	2600	2710
3	7%	20%	1690	1790	1900	2000	2110	2220	2320	2430	2530
2	7%	20%	1580	1670	1770	1870	1970	2070	2170	2270	2360
1	0%	20%	1470	1560	1660	1750	1840	1930	2020	2120	2210

其中，“薪级”体现岗位的价值差异，“薪档”体现同岗位的任职者岗位任职经验、工作能力等方面的差异，可用于新员工的薪酬确定和所有员工的薪酬调整。

6.1.2 制作薪级薪档表

制作一份完整的薪级薪档表的方法有很多种，本节介绍一种较为常用的方法——系数转化法，其具体步骤如下。

1. 确定薪酬系数表

如果前期已经完成岗位价值评估，并形成了岗位系数表，则此时可以直接应用岗位系数表作为薪酬系数表。如果没有岗位系数表，则可以按照以下方法制作薪酬系数表。

方法一：根据级差、带宽，形成薪酬系数表。

级差用来描述两个薪级之间的差异，带宽用来描述薪档的宽度。按照方法一制作薪酬系数表，如表 6.2 所示。

表 6.2　薪酬系数表 1

薪　级		薪　档							
级别	级差	带宽	一档	二档	三档	四档	五档	六档	七档
15	25%	30%	23.18	26.49	29.80	33.11	36.42	39.73	43.04
14	25%	30%	18.54	21.19	23.84	26.49	29.14	31.79	34.44
13	25%	30%	14.83	16.95	19.07	21.19	23.31	25.43	27.55
12	25%	30%	11.87	13.56	15.26	16.95	18.65	20.34	22.04
11	25%	30%	9.49	10.85	12.20	13.56	14.92	16.27	17.63
10	25%	25%	8.14	9.04	9.95	10.85	11.75	12.66	13.56
9	25%	25%	6.51	7.23	7.96	8.68	9.40	10.13	10.85
8	25%	25%	5.21	5.78	6.36	6.94	7.52	8.10	8.68
7	25%	25%	4.16	4.63	5.09	5.55	6.01	6.48	6.94
6	25%	25%	3.33	3.70	4.07	4.44	4.81	5.18	5.55
5	20%	20%	2.84	3.08	3.31	3.55	3.79	4.02	4.26
4	20%	20%	2.37	2.57	2.76	2.96	3.16	3.35	3.55
3	15%	15%	2.10	2.22	2.35	2.47	2.59	2.72	2.84
2	15%	15%	1.83	1.94	2.04	2.15	2.26	2.37	2.47
1	0%	10%	1.68	1.75	1.81	1.87	1.93	1.99	2.06

表 6.2 所示的薪酬系数表一共分了 15 级，每级七档。

在薪级薪档表中，级差是中间档间一级的差异，比如，2 级四档（2.15）就是 1 级四档（1.87）的 1.15 倍。

带宽与中值相关。首先锚定中值（中间档），最小值（一档）= 中值 ×（1– 带宽），最大值（最高档）= 中值 ×（1+ 带宽）；即带宽 =1– 最小值 / 中值 = 最大值 / 中值 –1。档与档之间差异比例相等。以表 6.2 的 1 级为例，先确定中值（1.87），最小值（一档 1.68）=1.87×（1–10%），二档（1.75）=1.87×（1–10%×2/3），三档（1.81）=1.87×（1–10%×1/3）。最大值（七档 2.06）=1.87×（1+10%），六档（1.99）=1.87×（1+10%×2/3），五档（1.93）=1.87×（1+10%×1/3）。

方法二：根据档差、重合档，形成薪酬系数表。

级差与方法一相同。方法二设计了档差，档差为每一级上的相邻两档间的差异，同一级的档差相同。

在方法二中，除 1 级一档事先设定外，其余级别的一档来自下一级的二档，比如 2 级一档等于 1 级二档，3 级一档等于 2 级二档，即重合档。按照方法二制作薪酬系数表，如表 6.3 所示。

表 6.3 薪酬系数表 2

薪级		薪档					
级别	级差	档差	一档	二档	三档	四档	五档
15	30%	2.35	12.47	14.82	17.17	19.52	21.87
14	30%	1.90	10.57	12.47	14.37	16.27	18.17
13	30%	1.60	8.97	10.57	12.17	13.77	15.37
12	30%	1.40	7.57	8.97	10.37	11.77	13.17
11	25%	1.20	6.37	7.57	8.77	9.97	11.17
10	25%	1.00	5.37	6.37	7.37	8.37	9.37
9	25%	0.85	4.52	5.37	6.22	7.07	7.92
8	25%	0.70	3.82	4.52	5.22	5.92	6.62
7	25%	0.55	3.27	3.82	4.37	4.92	5.47
6	25%	0.45	2.82	3.27	3.72	4.17	4.62
5	20%	0.35	2.47	2.82	3.17	3.52	3.87
4	20%	0.30	2.17	2.47	2.77	3.07	3.37
3	20%	0.25	1.92	2.17	2.42	2.67	2.92
2	20%	0.22	1.70	1.92	2.14	2.36	2.58
1	0%	0.20	1.50	1.70	1.90	2.10	2.30

一般来说，级别越高，级差越大，带宽或档差越大。在第 2 章薪酬策略中曾介

绍过薪酬差距策略。选择高差距策略的企业，可以将级差、带宽或档差设计得大一些，拉开员工间的薪酬差距；反之，选择平均化薪酬策略的企业，可以将级差、带宽或档差设计得小一些。

薪级和薪档的数量也要根据企业具体情况来设定。就一般的情况来看，薪级的数量一般为 10～20，薪档的数量在五档到九档较为合适。

2. 确定薪酬基数，形成薪级薪档表

在形成薪酬系数表后，直接用薪酬系数乘以薪酬基数即可得到薪级薪档表。将表 6.2 的薪酬系数分别乘以薪酬基数 1000 元，即可得到薪级薪档表，如表 6.4 所示。

表 6.4　薪级薪档表

薪酬单位：元

薪级		薪档							
级别	级差	带宽	一档	二档	三档	四档	五档	六档	七档
15	25%	30%	23 180	26 490	29 800	33 110	36 420	39 730	39 730
14	25%	30%	18 540	21 190	23 840	26 490	29 140	31 790	31 790
13	25%	30%	14 830	16 950	19 070	21 190	23 310	25 430	25 430
12	25%	30%	11 870	13 560	15 260	16 950	18 650	20 340	20 340
11	25%	30%	9490	10 850	12 200	13 560	14 920	16 270	16 270
10	25%	25%	8140	9040	9950	10 850	11 750	12 660	12 660
9	25%	25%	6510	7230	7960	8680	9400	10 130	10 130
8	25%	25%	5210	5780	6360	6940	7520	8100	8100
7	25%	25%	4160	4630	5090	5550	6010	6480	6480
6	25%	25%	3330	3700	4070	4440	4810	5180	5180
5	20%	20%	2840	3080	3310	3550	3790	4020	4020
4	20%	20%	2370	2570	2760	2960	3160	3350	3350
3	15%	15%	2100	2220	2350	2470	2590	2720	2720
2	15%	15%	1830	1940	2040	2150	2260	2370	2370
1	0%	10%	1680	1750	1810	1870	1930	1990	1990

在实际设计中，通常需要结合企业最低、最高工资水平和当地最低工资水平来

确定薪酬基数。比如，某地区最低工资为 1870 元，参考这个数据，可以将 1 级中间档设定为 1870 元（系数 1.87，薪酬基数 1000 元）。

在确定薪酬系数表后，直接用薪酬系数乘以薪酬基数即可得到薪级薪档表，操作非常简便。另外，当经济形势良好，地区的最低工资水平和整体薪酬水平普遍增长时，企业会面临薪酬普调。此时，HR 应该如何进行薪酬普调？给每个员工统一增加一个确定金额？这种做法看似公平，实则没考虑岗位差异，非常不合理。而根据薪酬系数表，企业只需要调整薪酬基数就可以得到新的薪级薪档表，这样调整符合岗位价值。

如果企业已经有了自己的薪级薪档表（非薪酬系数表），在后期需要进行薪酬普调时，也可以采用调整薪级薪档表的方式，比如，直接对薪级薪档表中的数据乘以一个薪酬系数（如 1.05，即统一提升 5%），其他均不需要变动，即可完成薪酬普调。

薪级薪档表的设计非常灵活，由于各个岗位序列的薪酬结构不同，薪酬体系做得较为细致的企业，会设计不同岗位序列的薪级薪档表；也可以制作一个通用的薪级薪档表，用于整个薪酬体系，再根据不同序列的固浮比做拆分。

【思考】运用 Excel，通过散点图分析薪酬趋势

在做好薪级薪档表之后，可以运用图表来分析薪级趋势曲线。在 Excel 图表中，可以选择散点图绘制薪级曲线。同时在散点图中，还可以做回归分析，分析薪酬水平和薪级之间的关系，以验证薪级薪档设计得是否合理。

在统计学中，回归分析是确定两种或两种以上变量间相互依赖的定量关系的统计分析方法。回归分析按照变量的多少，分为一元回归和多元回归分析；按照因变量的多少，分为简单回归分析和多重回归分析；按照自变量和因变量之间的关系类型，分为线性回归分析和非线性回归分析。

一般来说，薪级和薪酬水平之间的关系符合线性关系或指数关系。在 Excel 中，可以生成回归方程，并生成 R^2。R^2 称为方程的确定性系数，表示方程中变量 x 对 y 的解释程度。R^2 取值为 0～1，越接近 1，表明方程中 x 对 y 的解释能力越强。

取表 6.4 的薪级薪档表中间档位（四档）的数据做趋势分析，可以看到该档薪酬的设计符合指数趋势，比较合理。图 6.1 为用 Excel 工具制作的薪级趋势图。

薪级趋势图在 Excel 中的具体操作方法为：选择薪级和四档两列，单击“插入”→“散点图”→“带平滑线的散点图”命令，即可新建一个散点图；单击散点图中的曲线并通过右键选择“添加趋势线”，即可弹出“设置趋势线格式”对话框，如图 6.2 所示；在“设置趋势线格式”对话框中，选中“线性”单选按钮并勾选“显示公式”和“显示 R 平方值”复选框。此外，还可以通过右键选择“添加数据标签”来增加数据标签。

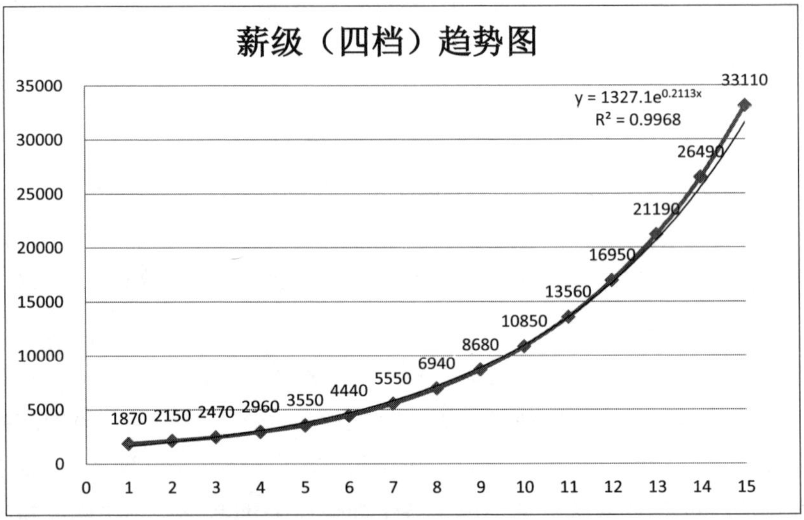

图 6.1　薪级趋势图

图 6.2　Excel 中设置趋势线格式

6.1.3　薪级薪档表的使用

完成薪级薪档表的制作可以理解为盖好了一座大厦。在大厦盖好后，怎么把企业中的员工放在合适的“薪酬房间”中呢？具体思路是，首先确定薪级，每个岗位都有对应的薪级,员工所处的岗位决定其所处的薪级（以“岗”定薪的核心理念体现);其次确定薪档，两个同样岗位的员工，工资并不一定一样，这是因为薪档的影响。

1. 确定薪级（到岗）

确定薪级有以下 3 种情况。

（1）根据岗位价值评估后的岗位级别确定，薪级就是岗级。这种企业内部环境相对稳定，重视内部公平。

（2）根据外部薪酬数据确定。比如，在薪酬报告中，客服主管的薪酬范围是 4200～6500 元，中位值为 5500 元，此时不进行岗位价值评估，直接对标外部薪酬数据的企业，参考表 6.4 的薪级薪档表，可以将该岗位的薪级定为 7 级。这种情况的企业一般是面临激烈竞争的企业或创业期的企业，采用市场跟随策略，注重对标外部市场。

（3）兼顾内外部情况，有的以岗位价值评估结果为主，以外部薪酬数据作为参考进行调整;有的以外部薪酬数据为主，以内部岗位价值评估结果作为参考进行调整。最终目的是确定各个岗位的薪级。

2. 确定薪档（到人）

在薪级确定后，某个员工的具体薪酬，就要定位到薪档中。不同薪档体现了同岗位不同员工在经验、能力、技能等方面的差异。

在确定新员工的薪酬时，HR 会参考其工作年限、经验、个人水平、过往薪酬等，在薪级中确定一个较为合适的薪档。另外，薪档还被用来进行个人调薪。有些企业的调薪机制较完备，会定期组织调薪。如果员工的绩效、能力水平达到晋档标准，则即使其岗位不变动、不晋升，也可以调整其薪档，起到涨薪激励的作用。当然，在高档位上的员工，如果其绩效未能达标，则企业可以用降档的手段负激励，让薪酬“能上能下”，充分发挥薪酬的激励作用。

6.1.4　薪级薪档设计常见问题

在进行薪级薪档设计时，既要考虑薪酬设计的基本原则，也要考虑目前企业薪酬的现状，满足可操作性。在薪级薪档设计中，常出现的问题和注意事项如下。

1. 忽略薪酬设计的原则

HR 在设计薪级薪档之前，对薪酬设计的原则是能够掌握的，但一旦开始设计，往往容易陷入现实问题，为了适应企业现状而设计。比如，将某一薪级设计得过宽或过窄。一般来说，薪酬设计的薪级趋势应符合指数或线性趋势，不应该偏移得过大。而且薪酬设计或优化的目的就是为了解决企业中存在的薪酬设置不合理的问题，比如，定薪过于随意、某岗位新老员工薪酬差异过大等。如果 HR 违背设计原则进行薪酬设计，则待解决问题仍然没有得到解决，就失去了薪酬设计或优化的意义。

正确做法：在进行薪级薪档设计时，应遵循一般规则；在具体实施过程中，可以采取“分步走”等多种方式，酌情处理。

2. 未考虑企业实际情况

这几年薪酬的趋势是宽带设计理念，有的企业薪级设计得过少，每一级带宽设计得太宽。比如，有的企业将某个薪级的月薪范围设置为 6000～30 000 元，但是对于大多数企业来说，薪酬尤其是基本工资或岗位工资，很少能跨越这么大的范围。这样设计的薪级薪档，看似宽带薪酬，实际无法使用，失去了薪酬设计的价值。

当然，将薪级设计得过多，带宽设计得过窄，也不合适。在设计薪级薪档时，一定要考虑企业的实际情况。

在实践中，有些企业将岗位和晋升体系结合在一起，将薪酬做得比较细致。比如，人力资源专员岗位，再细分为人力资源助理、人力资源专员、高级人力资源专员、资深人力资源专员；研发工程师岗位，再细分为研发工程师、中级研发工程师、高级研发工程师等。这就是常说的“大岗位”和“小岗位”的区别。

针对这种情况，可以将“小岗位”对应到薪级，如表 6.5 所示。

表 6.5　某企业岗级 / 薪级表（人力资源部）

部　门	岗　位	岗位序列	职级 / 薪级	月薪范围（元）
人力资源部	高级人力资源经理	M	10	9000～12 900
	人力资源经理	M	8	6700～10 000
	人力资源主管	M	6	4800～7500
	资深人力资源专员	P	6	4800～7500
人力资源部	高级人力资源专员	P	5	4000～6400
	人力资源专员	P	4	3300～5400
	人力资源助理	P	3	2700～4500

可以看到，资深人力资源专员和人力资源主管的薪级是一样的，以鼓励员工不断提升专业水平。这种做法在研发序列里，体现得更加明显。如表 6.6 所示，在某高

科技企业研发序列中，资深研发工程师、资深产品经理的薪级甚至高于研发部经理。这种设计在薪酬上打通了员工职业发展的双通道，可以吸引专业人才，并建立良好的用人机制。

表 6.6 某企业岗级 / 薪级表（研发部）

部门	岗位	岗位序列	职级 / 薪级	月薪范围（元）
研发部	研发部总监	M	15	16 600～22 600
	研发部高级经理	M	12	11 700～16 200
	研发部经理	M	10	9000～12 900
	研发主管	M	9	7800～11 400
	资深产品经理	P	14	14 800～20 200
	高级产品经理	P	11	10 300～14 500
	产品经理	P	9	7800～11 400
	资深研发工程师	P	11	10 300～14 500
	高级研发工程师	P	9	7800～11 400
	研发工程师	P	7	5700～8700
	初级研发工程师	P	5	4000～6400
	资深测试工程师	P	8	6700～10 000
	高级测试工程师	P	6	4800～7500
	测试工程师	P	4	3300～5400
	初级测试工程师	P	3	2700～4500

6.2 【案例】薪级薪档实践案例

案例 1： A 企业设计了岗位系数表（解决岗位价值高低的问题），岗位系数表中包括 15 个职级，每个职级划分为七个档次，如表 6.7 所示；将岗位系数表乘以薪酬基数，得到薪级薪档表，如表 6.8 所示。这样做的好处是，可以将岗位价值评估的结果应用于岗位系数表，比如，某岗位定位为 5 级，可以在岗位系数中找到对应的岗位系数，这样就将抽象的岗位价值大小转化为实际的岗位系数。

薪级薪档表中的薪级，主要体现岗位价值的差异（以外部薪酬数据为主的企业，会体现岗位市场价格的差异），薪档则体现同岗位的任职者任职经验、专业技能等方面的差异，并可用作员工薪酬的日常调整。

以表 6.7、表 6.8 为例，A 企业某岗位在进行招聘时，录用人员的薪酬应根据岗位来定，比如，该岗位薪级为 8 级，根据面试进行综合评定，对录用人员小王的薪档定位为三档，那么对应薪级薪档表，其薪酬定为 7800 元。

在长期激励员工方面，结合员工职业发展通道，薪级薪档表也可以发挥作用。案例中的 A 企业设计了晋档调薪机制。每年 1 月，A 企业对员工上一年度履行岗位职责情况进行年度绩效考核，并根据员工个人考核结果和部门年度综合考核结果进行排名（影响晋档人员比例），以确定晋档人员。这种方式，使员工调薪有依据，具有调动员工工作积极性的作用。比如，财务部某年度部门考核结果良好，晋档人员比例为 40%，财务部共 25 人，晋档人员上限为 10 人。在个人考核中，取得 A 的员工有晋档资格，取得 A+ 的员工有晋两档的资格。财务部小张取得 A+，目前薪级 6 级，薪档二档，薪酬为 5250 元，向上调整两档，薪档变为四档，薪酬变为 6150 元。财务部取得 A 的有 6 人，这 6 人的薪档可以向上调整一档。

表 6.7　A 企业岗位系数表

职级	档差	一档	二档	三档	四档	五档	六档	七档
15	1.00	16.60	17.60	18.60	19.60	20.60	21.60	22.60
14	0.90	14.80	15.70	16.60	17.50	18.40	19.30	20.20
13	0.80	13.20	14.00	14.80	15.60	16.40	17.20	18.00
12	0.75	11.70	12.45	13.20	13.95	14.70	15.45	16.20
11	0.70	10.30	11.00	11.70	12.40	13.10	13.80	14.50
10	0.65	9.00	9.65	10.30	10.95	11.60	12.25	12.90
9	0.60	7.80	8.40	9.00	9.60	10.20	10.80	11.40
8	0.55	6.70	7.25	7.80	8.35	8.90	9.45	10.00
7	0.50	5.70	6.20	6.70	7.20	7.70	8.20	8.70
6	0.45	4.80	5.25	5.70	6.15	6.60	7.05	7.50
5	0.40	4.00	4.40	4.80	5.20	5.60	6.00	6.40
4	0.35	3.30	3.65	4.00	4.35	4.70	5.05	5.40
3	0.30	2.70	3.00	3.30	3.60	3.90	4.20	4.50

续表

职级	档差	一档	二档	三档	四档	五档	六档	七档
2	0.25	2.20	2.45	2.70	2.95	3.20	3.45	3.70
1	0.20	1.80	2.00	2.20	2.40	2.60	2.80	3.00

表 6.8 A 企业薪级薪档表

单位：元

薪级	档差	一档	二档	三档	四档	五档	六档	七档
15	1000	16 600	17 600	18 600	19 600	20 600	21 600	22 600
14	900	14 800	15 700	16 600	17 500	18 400	19 300	20 200
13	800	13 200	14 000	14 800	15 600	16 400	17 200	18 000
12	750	11 700	12 450	13 200	13 950	14 700	15 450	16 200
11	700	10 300	11 000	11 700	12 400	13 100	13 800	14 500
10	650	9000	9650	10 300	10 950	11 600	12 250	12 900
9	600	7800	8400	9000	9600	10 200	10 800	11 400
8	550	6700	7250	7800	8350	8900	9450	10 000
7	500	5700	6200	6700	7200	7700	8200	8700
6	450	4800	5250	5700	6150	6600	7050	7500
5	400	4000	4400	4800	5200	5600	6000	6400
4	350	3300	3650	4000	4350	4700	5050	5400
3	300	2700	3000	3300	3600	3900	4200	4500
2	250	2200	2450	2700	2950	3200	3450	3700
1	200	1800	2000	2200	2400	2600	2800	3000

在使用薪级薪档表时要注意，应根据薪酬结构做出相应表格。在上述 A 企业的招聘案例中，小王的薪酬为 7800 元，这个薪酬中包含多少绩效工资（基数），必须在入职前的薪酬沟通时明确，以免造成前期沟通不清，后期影响员工工作情绪和稳定性的情况发生。另外，在大部分企业销售人员的薪酬中，提成或奖金的占比较大。值得注意的是，薪级薪档表体现的是基本工资。

除了 6.1 节中介绍的薪级薪档设计方法，在实践中，如果企业岗位性质较单一、薪酬结构较简单，也可以采用另外一种较为简单的薪级薪档表。

案例 2：某传统制造行业的企业，员工主要是一线工人，岗位系数表采用了 32 个职等，构成了 11 个岗级，每级七档（岗级与岗级之间有重叠的职等）。其岗位系数表和薪级薪档表如表 6.9 和表 6.10 所示。

表 6.9　某企业岗位系数表

岗级	一档	二档	三档	四档	五档	六档	七档
11	4.78	5.02	5.26	5.52	5.76	6.00	6.24
10	4.54	4.78	5.02	5.26	5.52	5.76	6.00
9	4.06	4.30	4.54	4.78	5.02	5.26	5.52
8	3.66	3.86	4.06	4.30	4.54	4.78	5.02
7	3.30	3.46	3.66	3.86	4.06	4.30	4.54
6	2.98	3.14	3.30	3.46	3.66	3.86	4.06
5	2.66	2.82	2.98	3.14	3.30	3.46	3.66
4	2.30	2.42	2.54	2.66	2.82	2.98	3.14
3	2.02	2.10	2.18	2.30	2.42	2.54	2.66
2	1.70	1.78	1.86	1.94	2.02	2.10	2.18
1	1.46	1.52	1.58	1.64	1.70	1.78	1.86

表 6.10　某企业薪级薪档表

单位：元

薪级	一档	二档	三档	四档	五档	六档	七档
11	4780	5020	5260	5520	5760	6000	6240
10	4540	4780	5020	5260	5520	5760	6000
9	4060	4300	4540	4780	5020	5260	5520
8	3660	3860	4060	4300	4540	4780	5020
7	3300	3460	3660	3860	4060	4300	4540
6	2980	3140	3300	3460	3660	3860	4060
5	2660	2820	2980	3140	3300	3460	3660
4	2300	2420	2540	2660	2820	2980	3140
3	2020	2100	2180	2300	2420	2540	2660

续表

薪级	一档	二档	三档	四档	五档	六档	七档
2	1700	1780	1860	1940	2020	2100	2180
1	1460	1520	1580	1640	1700	1780	1860

该企业岗位系数的覆盖情况，如图 6.3 所示。

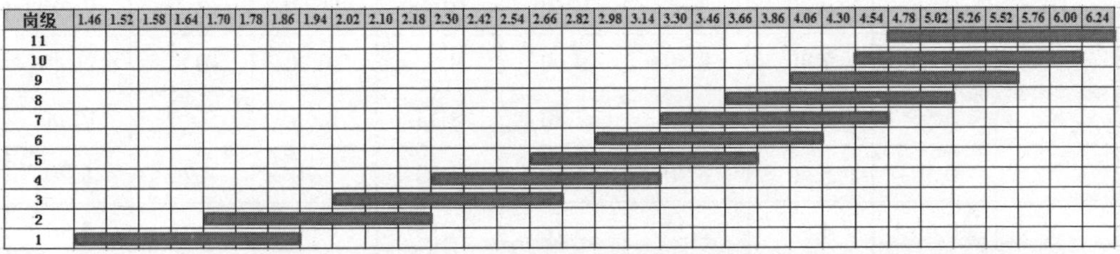

图 6.3 某企业岗位系数覆盖情况

6.3 薪酬套档测算

在完成薪级薪档表的制作后，接下来就要按照新的薪酬体系，将每个员工的薪酬落实，这就是薪酬套档。在薪酬套档后，可以测算出薪酬变动情况。薪酬变动情况是需要特别关注的，这关系到新的薪酬体系能否在企业顺利实施。有时为了让薪酬体系顺利实施，根据薪酬测算的结果，还要重新修正薪酬体系。

6.3.1 薪酬套档

薪酬套档的具体步骤如下。

第一步：根据新的薪酬体系所确定的岗位等级确定薪级。

第二步：考虑到员工的接受程度，一般按照就近向上原则确定新的薪酬体系下的薪档。以表 6.11 和表 6.12 为例说明。

图 6.11 岗位系数表

岗级	档差	一档	二档	三档	四档	五档	六档	七档
15	1.00	16.60	17.60	18.60	19.60	20.60	21.60	22.60

续表

岗级	档差	一档	二档	三档	四档	五档	六档	七档
14	0.90	14.80	15.70	16.60	17.50	18.40	19.30	20.20
13	0.80	13.20	14.00	14.80	15.60	16.40	17.20	18.00
12	0.75	11.70	12.45	13.20	13.95	14.70	15.45	16.20
11	0.70	10.30	11.00	11.70	12.40	13.10	13.80	14.50
10	0.65	9.00	9.65	10.30	10.95	11.60	12.25	12.90
9	0.60	7.80	8.40	9.00	9.60	10.20	10.80	11.40
8	0.55	6.70	7.25	7.80	8.35	8.90	9.45	10.00
7	0.50	5.70	6.20	6.70	7.20	7.70	8.20	8.70
6	0.45	4.80	5.25	5.70	6.15	6.60	7.05	7.50
5	0.40	4.00	4.40	4.80	5.20	5.60	6.00	6.40
4	0.35	3.30	3.65	4.00	4.35	4.70	5.05	5.40
3	0.30	2.70	3.00	3.30	3.60	3.90	4.20	4.50
2	0.25	2.20	2.45	2.70	2.95	3.20	3.45	3.70
1	0.20	1.80	2.00	2.20	2.40	2.60	2.80	3.00

表 6.12　薪级薪档表

单位：元

薪级	档差	一档	二档	三档	四档	五档	六档	七档
15	1000	16 600	17 600	18 600	19 600	20 600	21 600	22 600
14	900	14 800	15 700	16 600	17 500	18 400	19 300	20 200
13	800	13 200	14 000	14 800	15 600	16 400	17 200	18 000
12	750	11 700	12 450	13 200	13 950	14 700	15 450	16 200
11	700	10 300	11 000	11 700	12 400	13 100	13 800	14 500
10	650	9000	9650	10 300	10 950	11 600	12 250	12 900
9	600	7800	8400	9000	9600	10 200	10 800	11 400
8	550	6700	7250	7800	8350	8900	9450	10 000
7	500	5700	6200	6700	7200	7700	8200	8700
6	450	4800	5250	5700	6150	6600	7050	7500

续表

薪级	档差	一档	二档	三档	四档	五档	六档	七档
5	400	4000	4400	4800	5200	5600	6000	6400
4	350	3300	3650	4000	4350	4700	5050	5400
3	300	2700	3000	3300	3600	3900	4200	4500
2	250	2200	2450	2700	2950	3200	3450	3700
1	200	1800	2000	2200	2400	2600	2800	3000

例如，某员工 C（假设其岗位在新的薪酬体系下定为 7 级）目前薪酬为 6500 元，根据上述套档规则，则其在新的薪酬体系下执行 7 级三档，薪酬变为 6700 元。如果员工薪酬超过所在薪级最高档，则按最高档执行；如果员工薪酬低于所在薪级最低档，则按最低档执行。

在实际工作中，关于套档原则，企业也可以根据自身实际情况去确定。

6.3.2　薪酬测算

在将全体员工按照新的薪酬体系进行套档后，需要进行薪酬测算。薪酬测算也是非常重要的步骤，因为管理层需要根据套改测算数据、企业承受能力和员工接受能力等信息对方案进行综合评估，而 HR 需要根据管理层的意见对薪酬方案、套改规则进行调整。在具体实践中，这种评估和调整常常要进行多次，才能形成最终的薪酬方案（体系）。

那么，薪酬测算后要看什么？一般来说，会看员工薪酬变动情况，包括员工薪酬与市场分位线的偏离程度、员工薪酬变化程度（尤其是关键核心岗位或重点关注的岗位序列）等。另外，要看薪酬总额变动情况。

进行薪酬改革的时机一般选择在企业业绩上升期，改革原则是薪酬总额上升比例不高于企业经营业绩的增长率，最高不超过 15%。当然，在实际操作过程中，企业有可能处于业绩下滑期或面临业绩严重下降的情况，这时企业的 HR 需要根据企业薪酬设计的目的和策略来调整薪酬方案，原则上既要考虑企业的实际情况，又要考虑员工的接受程度。

6.3.3 新旧薪酬体系更替实施注意事项

薪酬改革是人力资源各项改革中最难的部分。因为薪酬改革涉及成本和各方利益，不管是企业还是员工都非常关注，所以 HR 在制定新的薪酬方案（体系）后，如何推行实施是需要非常注意的。

在 HR 完成薪酬体系测算后，会形成薪酬体系方案或优化方案。在方案提交审核前，人力资源部应主动和公司重要高层管理人员就方案的大方向进行沟通，并基本达成一致，以免方案在上会讨论时，被轻易否决。特别是针对某些问题进行改革时，更应该学会“借力”，达到改革的目标。

在方案确定并推行实施时，HR 可以分阶段执行，以减少推行时的阻力。比如，一些传统的国有企业的干部薪酬，还是按照处级、科级来简单区分薪酬水平。为了顺应发展趋势，如果企业要按照岗位价值评定岗位级别，重新制定薪酬制度，则势必会影响一些人的薪酬水平，这个时候就可以采取分阶段执行的方式。比如，薪酬方案的目标是按照岗位价值评估结果将管理岗位分为 6 个职级，第一步可以从 2 个职级分为 4 个职级，第二步再完成从 4 个职级分为 6 个职级，实现新老制度的平稳过渡。

在宣贯过程中，HR 可以编写《薪酬改革方案实施说明》，将薪酬优化的相关问题进行汇总说明，这样既便于员工理解，又起到有效宣传引导的作用。

6.4 【案例】某企业薪酬套档测算案例

1. 套档测算背景

以某年某月工资表为依据，参与统计人数为 2344 人（在岗员工）。

2. 套档原则和方法

（1）以岗定薪：按照新的薪酬体系的岗位薪级确定员工薪级。

（2）确定薪档：原薪酬体系下的岗位系数按就近向上原则，确定新的薪酬体系下的薪档。当某员工套改后原岗位系数超过所在薪级最高档时，按最高档执行；当某员工套改后原岗位系数低于所在薪级最低档时，按最低档执行。

3. 套档测算结果

（1）总体情况。

按新的薪酬体系套档测算，与上一年度相比，工资总额增加约 186 万元 / 年，占原工资总额的 1.88%。

（2）各序列变化情况。

此次套档测算，公司人均工资增长 968 元 / 年。其中，管理序列工资增长 1308 元 / 年，职能序列工资增长 1018 元 / 年，研发序列工资增长 1909 元 / 年，技术序列工资增长 898 元 / 年，操作序列工资增长 695 元 / 年。

（3）各序列各层级人均变化情况。

① 管理、职能、研发序列：从月度工资变化来看，管理序列副总级别月度工资增长幅度最大，主要原因是岗位工资增长幅度较大（原岗位工资 3500 元 / 月，新岗位工资 5130 元 / 月）；其他层级月度工资均有不同幅度的增长。

② 技术、操作序列：月度人均工资均略有增加，极少数岗位的月度工资略有下降。工资变化的主要原因是岗位薪级变化。

第 7 章 常见岗位薪酬设计

在薪酬设计中，不同性质的岗位在设计时有所不同。比如，企业高层管理人员一般采用年薪制薪酬模式；销售人员一般采用佣金（提成）制薪酬模式；研发人员一般采用基本工资和研发奖金并行的薪酬模式；生产人员一般采用计时制、计件制或产量制薪酬模式等。

7.1 高层管理人员薪酬设计

高层管理人员（以下简称高管），是在公司管理层担任重要职务的人员，主要包括总经理、副总经理、上市公司的财务负责人、董事会秘书等。在一些企业里，总监级别也属于高管。高管人员的岗位特点是参与公司高层决策，负责公司经营管理，掌握公司重要信息。

7.1.1 高管的薪酬特点

企业高管的薪酬特点之一是薪酬水平普遍较高。一方面是因为此岗位需要承担的责任大、岗位影响大，且对岗位任职人员要求高；另一方面，从外部市场来说，满足企业需要的高管人才相对较少，使得高管的薪酬水平处于相对较高的位置。

企业高管的薪酬具有激励与风险共存的特点，其薪酬中的一定比例与其绩效挂钩，且主要与企业经营情况直接挂钩。

7.1.2 高管的薪酬模式

在规模较小或处于初创期的企业中，高管的薪酬模式常常相对简单，一般是“基本工资＋年终奖金＋福利”的模式。对于高管来说，其基本工资一般占比40%～60%。在规模较小或处于初创期的企业中，年终奖金一般采用封闭式分配模式（在第8章年终奖设计中会详细介绍）。这样，企业确定要支付的部分很明确，至于年终奖金的多少，则完全根据企业经营情况（常常是利润）来定，从一定程度上降低了企业的潜在成本风险。

另外一种常见的高管薪酬模式是年薪制。在规模较大、管理较完善的企业中，年薪制应用得比较广泛。

对于享受年薪制的高管来说，其年收入一般由基本年薪、绩效年薪、年终奖金和福利构成。

1. 基本年薪

基本年薪属于固定薪资，这部分薪酬是不论业绩如何都可以得到的。国内大多数企业都会按月发放基本年薪，一方面可以保障员工的生活来源；另一方面可以避免一次性发放所需缴纳的个人所得税过高。为了避免高管与普通员工的薪酬差距过大，企业在设置高管的基本年薪时，不会设置得过高。一般来说，高管的基本年薪是普通员工的3～6倍。

基本年薪的计算公式为：基本年薪＝年薪总额 × 基本年薪比率。月度基本年薪（月度基本薪资）＝基本年薪/12。

2. 绩效年薪

绩效年薪属于浮动薪资，这部分薪酬是与绩效目标的完成情况挂钩的。绩效目标完成得好，得到的就多；绩效目标完成得不好，得到的就少。有的企业对高管的绩效目标有最低要求，如果未完成最低目标，甚至可能得不到绩效年薪。

在实践中，绩效年薪的发放一般对应着绩效考核。有的企业对高管实行年度绩效考核，有的企业对高管实行半年度绩效考核，有的企业对高管实行季度绩效考核。绩效年薪一般在绩效考核完成后兑现。

由于各企业所在行业、规模、企业文化的不同，在高层管理人员年薪中，基本年薪和绩效年薪的占比构成也有较大差异。总体来说，绩效年薪占总年薪40%～60%的居多。

绩效年薪的计算公式为：绩效年薪＝年薪总额 × 绩效年薪比率 × 年度考核系

数。如果企业实行半年度绩效考核,半年度绩效年薪 = 年薪总额 /2× 绩效年薪比率 × 半年度考核系数。如果企业实行季度绩效考核，季度绩效年薪 = 年薪总额 /4× 绩效年薪比率 × 季度考核系数。

3. 年终奖金

除了年薪，企业一般对高管还设有年终奖金的激励。年终奖金在年终兑现，与企业经营情况和个人绩效考核挂钩。具体可以参考第 8 章的相关内容。

7.1.3 【案例】高管薪酬设计案例

某公司高管激励方案如下。

第一章　总则

第一条　目的

为体现高管责任、业绩和收益对等的原则，促进各平台年度经营目标和工作目标的实现，特制定本方案。

第二条　范围

本方案适用范围为公司各业务板块负责人、各子公司总经理。

第二章　薪酬结构

第三条　年薪制

高管的薪酬采用年薪制。年薪分为固定薪资和浮动薪资两部分。其中，固定薪资部分为岗位薪资，浮动薪资部分为年度绩效薪资。固定薪资部分与浮动薪资部分（浮动基数）的占比为 60%和40%。

第四条　岗位薪资

岗位薪资由任职者的薪级和薪档确定。薪级由岗位确定，薪档由个人的工作业绩、综合素质、工作能力等确定。月度岗位薪资 = 年薪总额 ×60%/12。

第五条　年度绩效薪资

年度绩效薪资由绩效考核结果确定。年度绩效薪资 = 年薪总额 ×40%× 年度绩效考核系数。

第六条　利润分享奖金

利润分享奖金是除年薪外的额外奖励。

第三章　绩效考核

第七条　考核周期与流程

（1）制定目标：每年 12 月，董事长助理牵头组织高管制订下一年度经营计划。

高管根据市场环境、所在子公司实际发展情况和总部的要求，制订年度经营计划。年度经营计划经总部董事会审核通过后，由公司人力资源部根据年度经营计划形成《半年度经营考核书》和《年度经营考核书》。最后，由高管人员书面签字，并由集团人力资源部备案。

（2）绩效考核：每年 1 月和 7 月，公司人力资源部根据《半年度经营考核书》和《年度经营考核书》中确认的考核指标收集数据，统计考核结果，并报董事会审批。审批通过后，高管书面签字，集团人力资源部备案。

每年 1 月和 7 月，公司人力资源部组织开展企业高管的年度述职，以及工作态度、能力评定，并将述职及评定结果报董事会审核。在审核通过后，由高管书面签字，并由人力资源部备案。

（3）结果应用：公司人力资源部根据考核结果，核算年度绩效薪资。年度绩效薪资于绩效考核结束的次月发放。

第八条　考核内容

考核内容及其权重如表 7.1 所示。

表 7.1　考核内容及其权重

考核周期	考核内容	权　重
半年度	半年度经营考核指标（含业绩指标、管理指标）	30%
年度	年度经营考核指标（含业绩指标、管理指标）	50%
	年度述职	10%
	工作态度及能力评定	10%

第四章　利润分享

第九条　宗旨

利润分享旨在将子公司经营者和核心骨干员工与子公司的利益紧密结合，真正做到经营者与企业风险共担、利益共享。

第十条　分享资格

公司每年年初对各子公司设定年度利润率目标值，如年度利润率低于目标值，不享受利润分享。

在年度结束后，由公司财务部门确认子公司是否具有利润分享资格。

第十一条　分享额度

按照子公司当年的年度净利润率情况，确定一定比例，形成年终奖金池。

年终奖金池金额 = 本年度净利润额 × 年金池提取比例。年终奖金池金额即本年度利润分享的奖金总数，提取比例由董事会根据年度经营情况确定。

第十二条 奖金分配

在年终奖金池确定后，各子公司自行制定方案进行具体分配。方案应综合考虑激励对象个人所担任岗位的重要性和个人绩效评估结果，分别确定岗位分配系数和绩效考核系数，公平、合理地分配激励奖金。具体方案经子公司总经理、集团人力资源部审批通过后执行。

第十三条 奖金兑现

利润分享奖金于次年第一季度发放奖金额度的 50%，次年年中发放奖金额度的剩余 50%。如果某员工在奖金兑现前离职，则视同放弃奖金。

第五章 附则

第十四条 解释权

本制度解释权归集团人力资源部。

第十五条 生效日期

本制度自 20×× 年 ×× 月 ×× 日起执行。

7.2 销售人员薪酬设计

在企业中，销售人员负责将产品（服务）销售出去，并以此获得收入。大多数企业都非常重视销售人员及对其的激励措施。销售人员的薪酬设计形式多种多样，是各类岗位薪酬设计中的难点和重点。

7.2.1 销售人员的薪酬特点

与其他岗位人员相比，销售人员最大的特点是浮动薪资的比例较大。销售人员的主要任务是将企业的产品（服务）销售出去，其薪酬水平和销售业绩关联性很大，所以浮动薪资的比例较大。

由于各个企业的核心竞争力不同，导致其薪酬水平也不同。有的企业主要依靠技术领先，有的企业主要依靠对客户的开拓和维护，有的企业属于垄断行业。不同行业和企业的销售人员对企业的价值存在差异，其薪酬水平也就存在较大差异。

另外，因为所销售的产品（服务）不同，所以销售人员的薪酬水平也不同。比如，某些产品（服务）需要销售人员具有较高的能力和素质，其薪酬水平就会相对较高。

7.2.2 销售人员的薪酬模式

在规模较小或处于初创期的企业中，销售人员的收入一般包含基本工资（底薪）、佣金（提成）和福利等。在规模较大或管理相对成熟的企业中，销售人员的收入可能增加绩效工资，并与绩效考核挂钩。此外，一些企业还会设置年终奖金、单项奖励等来激励销售人员。

1. 基本工资

基本工资（底薪）属于固定薪资，按月发放。不同企业销售人员的底薪差异较大，但总的来说，销售人员的基本工资占比较低，即使采用低底薪高提成策略的企业，其基本工资的设置也要注意，需要高于当地的最低工资标准。这部分薪酬主要用来保障员工的基本生活需要。

每个企业可以根据自身情况设置基本工资的占比。一般来说，如果企业的产品（服务）较复杂，对销售人员的能力和素质要求较高，回款周期较长，基本工资就会相对高一些。

2. 佣金（提成）

佣金（提成）制是销售人员常见的薪酬构成之一。

提成又可以分为单一提成比例提成、阶梯式提成比例提成和超额（超目标）提成。

（1）单一提成比例提成。其计算公式为：提成 = 销售金额（回款额或销售数量）× 提成比例。由于销售产品不同，有的企业以销售金额作为提成依据，有的企业以回款额作为提成依据，有的企业以销售数量作为提成依据。比如，A 企业某项产品按照回款额计提成，提成比例为 1%。A 企业销售人员张某在某月的回款额为 20 万元，其提成为：200 000 × 1%=2000 元。

（2）阶梯式提成比例提成。随着销售量（回款额或销售数量）的提高，其提成比例也随之提高。比如，B 企业某产品按照销售金额计提成，提成比例如表 7.2 所示。

表 7.2 B 企业某产品销售计提比例

销售金额	提成比例
≤ 30 万元	1%
30 万～50 万元（含）	2%

续表

销 售 金 额	提 成 比 例
50 万～80 万元	3%
≥ 80 万元	4%

B 企业销售人员李某在某月的销售金额为 77 万元，其提成为：300 000 × 1%+（500 000-300 000）× 2%+（770 000-500 000）× 3%=15 100 元。

这里需要注意的是，如果是阶梯式提成比例，在制度或方案中要准确说明是阶梯式提成比例，也可以举例说明，避免造成歧义。比如只看表 7.2，李某的提成也可以计算为 770 000 × 3%=23 100 元。

（3）超额（超目标）提成。企业给销售人员设置最低的销售目标，当销售人员超过目标后才计提成。在一般情况下，这种提成的比例要高于单一提成比例。

在提成制中，提成比例是提成设计的难点，提成比例常常是根据销售人员预定薪酬水平和产品（服务）的销售金额（回款额或销售数量）预估目标值反推出来的。提成比例受以下因素影响，如图 7.1 所示。

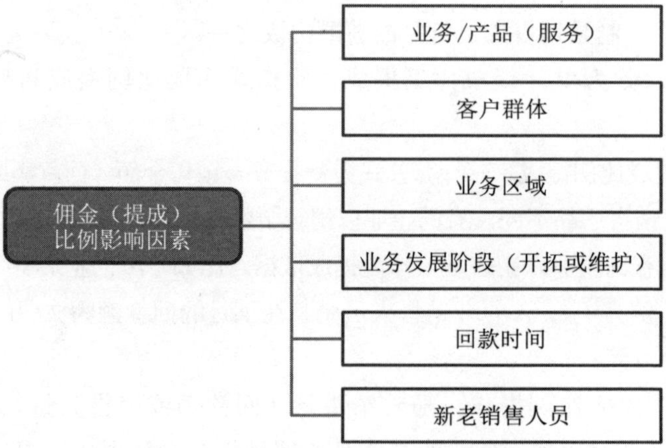

图 7.1　佣金（提成）比例影响因素

（1）业务 / 产品（服务）。

一般来说，企业对不同业务或不同产品（服务）的重视程度是不同的。对于企业主要发展的新业务或新产品，提成比例会设置得高一些；对于企业逐渐收缩的业务或将要淘汰的产品，提成比例会设置得低一些。这样设置有助于引导销售人员将重心放在企业重点开展的业务或主推的产品上。

另外，新业务、新产品的推广难度相对较大，企业把这些业务或产品的提成比例设置得高一些，可以避免销售人员只做好销售、易推广的，而忽略企业的业务战略。

（2）客户群体。

每个薪酬策略都是服务于企业战略的。企业会划分客户群体，对于业绩贡献率高的客户或企业重点开发的客户群体，会采用较高的提成比例来激励销售人员，以达成战略目标。

（3）区域。

规模相对较大、产品（服务）辐射全国甚至全世界的企业会对不同的区域采用不同的业务策略。对于要重点攻破的区域，企业可能会设置更高的提成比例来激励销售人员；而对于成熟的区域或企业战略放弃的区域，企业会采用较低的提成比例。

（4）业务发展阶段（订单的开拓和维护）。

一般来说，第一单的提成比例比较高，或者有些企业会设置开拓奖励（固定金额的奖金）来激励销售人员开拓业务，而后续的提成比例会低一些。有些企业在设置某个大客户或某个区域的提成比例时，开始（如半年、一年）时是一个提成比例，在后续客户需求稳定后，会降低提成比例。具体提成比例会根据企业的战略、外部环境和产品的情况来确定。

（5）回款时间。

销售回款是企业非常重视的。有的企业以销售回款金额作为提成的依据，并针对回款周期设置不同的提成比例。比如，某企业对销售回款的要求是三个月内，如果销售人员的回款周期小于三个月，则该提成的提成比例为1%；如果回款周期超过三个月，则提成比例降为0.5%。可见，通过提成比例高低的设置，可以激励销售人员及时催收回款。

（6）新老销售人员。

一些企业会对新老销售人员设置不同的提成比例。对于新员工来说，其提成比例一般会设置得较高，或在一定期限内设置得较高，这是为了激发新员工尽快做出业绩，同时也是对新员工的一种薪酬“保护”。有些企业的产品（服务）开拓比较困难，新员工需要较长时间学习，还可以设置“入职保护期”（一般为一个月到半年）。在保护期内，如果新员工成功销售或销售达标，可以按照正常的“基本工资+提成”来核算工资；如果没有成功销售或销售未达标，可以按照保护期工资或保底工资来核算工资。

3. 绩效工资

一些企业在销售人员的薪酬设置上，会加入绩效工资，以绩效管理引导销售人员的行为。绩效工资的计算公式为：绩效工资 = 绩效工资基数 × 绩效考核系数。

在针对销售人员的绩效考核中，不同企业根据自身情况所设置的指标差异也很大。常见的绩效考核指标包括销售回款及时率、新客户（渠道）开发数量、客户拜访（或电话呼出）数量、目标完成率等。

不管是佣金（提成），还是绩效工资，其设置目的都是为了引导销售人员达成业务目标及推进企业战略。为了达到目标，企业可以采用不同的方法设置绩效工资。

比如，企业都非常重视销售回款，为了尽快回款，有些企业在提成比例上予以区分；有些企业将回款及时率作为考核指标挂钩绩效工资。

设置绩效工资，是为了开展绩效考核、引导销售人员行为和管理销售过程。同时，在提成制外增加绩效考核，也有助于避免销售人员只考虑眼前业绩的短视行为。比如，某企业的业务策略是在巩固现有客户、稳定现金流的基础上，开拓新的客户群体。如果企业对业务人员只单一设置回款提成，而开拓新客户群体的难度高于维护老客户，就可能造成销售人员只维护老客户，不积极开拓新客户的情况发生。针对这种情况，企业可以采取多种方式去解决。比如，调整薪资结构，设置绩效工资，增加对新客户开发的考核；设置新客户开拓的单项奖励，对于新客户开发数量最多或新客户业绩最好的员工予以奖励；修改提成方式，降低对老客户产生业绩的提成比例，或者设置一定标准，只有超过目标才可以拿到提成等。另外，还可以灵活运用绩效考核结果，比如将提成和绩效考核结合，提成 = 销售金额（回款额或销售数量）× 提成比例。总之，激励方法是多样的，企业应根据实际情况去选择。

4. 其他形式奖金

为了激励销售人员达成销售目标，很多企业会设置各种奖励奖金。比如，在新业务洽谈成功后，企业会设置新客户开发成功奖，并给予相关人员一定奖金。一些企业还会细分，在新业务洽谈成功后，对信息提供人员给予一定奖励，对直接销售人员给予一定奖励。还有一些企业为了刺激销售，营造销售氛围，会设立销售新人奖、月度销售冠军奖、季度销售冠军奖、销售明星奖、销售团队冠军奖等。

此外，有的企业是以销售团队的形式完成产品（服务）的销售过程。当完成一笔销售后，会以团队的形式得到一定奖金，再根据团队人员的角色分工不同，将团队总奖金分配到个人。

7.2.3 销售管理人员的薪酬模式

销售管理人员的岗位有以下特点：①承担管理职责，岗位价值更高；②对销售业绩负责，对企业的发展有较大影响；③大多数销售管理人员不直接销售，但其管理工作都是为了销售业绩、业务目标服务的。团队销售业绩直接反映其工作质量。

按照销售管理人员的工作性质，其薪酬结构一般设置为基本工资、绩效工资、团队提成、年终奖金和福利。

由于对销售管理人员的销售经验、能力等要求较高，因此销售管理人员基本工资水平相对销售人员会较高，且其基本工资占比也会较高。

在实际操作中，有的企业对销售管理人员设置绩效工资，并根据团队绩效达成情况发放绩效工资。有的企业对销售管理人员设置团队提成，并根据其带领的销售团队的销售额（回款额）计算提成，提成比例一般比销售人员的提成比例低。少数企业中的销售管理人员会自己做业务，所以其提成部分还会有个人提成（个人提成的提成比例与一般销售人员一致）。

对于销售管理人员的提成（按照团队业绩计提的）来说，其提成比例会参照外部薪酬水平，除去基本工资、绩效工资后，根据销售目标的预测反推而来。同样的，提成比例也可以设置为单一提成比例、阶梯式提成比例或超额（超目标）提成比例。

7.2.4　【案例】销售人员薪酬激励难点案例及解决方案

通过合理的薪酬绩效机制，激发销售人员的主动性和积极性，是人力资源管理工作的重点，也是其难点。常见的销售人员薪酬绩效激励的难点案例及其解决方案如下。

案例 1：某公司经营工业设备，其销售人员的薪酬结构为“底薪 + 销售（回款）提成”的方式。由于产品销售周期长，无法保证每个月均有销售（回款），导致员工月薪资过低，难以发挥薪酬的激励作用。

案例分析：销售周期长，一方面是因为产品（服务）针对的是大型企业，采购方需要进行调研、评估、招标等，造成销售时间较长；另一方面是因为每一单的金额较大，造成回款周期较长。所以，可以从两个方面来进行优化。

解决方案：

（1）薪酬结构变更为：底薪 + 绩效工资 + 销售提成。

在销售人员薪酬中增加一部分绩效工资，按照月度 / 季度对销售人员进行考核，根据考核情况决定绩效工资，这样就适当弥补了底薪低的问题。

没有采用提高底薪的方式，主要是考虑到采用绩效考核有助于引导销售人员的销售行为，使销售人员的关注点不局限于销售业绩。

需要注意的是，销售提成需要根据业务和人工成本进行测算后，再行确定。如果公司在人工成本上有压力，则可以适当降低销售提成，保证“底薪 + 绩效工资 + 销售提成”和之前的薪酬水平持平。

（2）将提成部分划分为：签单提成 + 回款提成。

针对回款时间较长的公司，建议不要只采用回款提成。公司可以将提成拆成两部分，当销售人员有签单时，就给予其一部分提成，做到及时激励。需要注意的是，签单提成应小于回款提成。因为在未回款时提前支付提成，对公司来说是有一定风险的。另外，回款提成的比例较大，也可以促进销售人员积极回款。

公式：签单提成 = 合同金额 × 提成比例；回款提成 = 回款金额 × 提成比例。

人力资源管理对员工的激励只是促使企业尽快回款的一种手段。为保证现金流正常，企业还应采用更多的办法缩短资金回流时间，比如，变更回款支付方式、提高业务效率、缩短业务周期、对周期较长的项目设置回款结点、探索现金回流快的相关业务（业务结构调整）等。

案例 2：某公司业务是为通信基站行业提供硬件和解决方案，其客户多为政府、事业单位或央企，销售形式为项目式销售。目前，公司针对销售人员采用“底薪 + 绩效工资 + 回款提成”的薪酬结构。因为销售周期较长，难以下达月度业绩指标，只能考核一些工作态度等方面的指标，所以销售团队士气不高，积极主动性差，存在“得过且过”的问题。

案例分析：该企业的销售过程可以看作一个项目。HR 需要与业务部门负责人一起，对整个销售流程进行梳理、划分，将销售过程中非常重要的几个环节拿出来作为不同阶段目标，并对各个阶段的目标进行考核，而不是仅对销售人员的工作态度进行考核。在具体操作中，HR 需要提前将项目总金额、参加的人员、每个销售环节、如何分成等进行明确。

解决方案：以“底薪 + 绩效工资（阶段目标奖）+ 回款提成”作为薪酬结构。在绩效考核中，以阶段性反馈为依据进行评估。需要注意的是，因为 HR 需要了解整个业务模式与运作流程，所以最好与销售管理人员一起来制定评估方法和标准。

案例 3：某公司主营汽车金融相关业务。其销售人员只在公司与战略合作的汽车金融公司、银行等形成的总对总框架协议下，针对本区域 / 城市中的 4S 店面做业务落地（偏重渠道建设、渠道维护）。销售人员的薪酬结构为“底薪 + 回款提成”。该公司发现，这种激励模式存在一些问题：各区域存在市场差异，不同区域业绩差异较大，单纯采用回款提成存在不公平；某些业务较为稳定的区域，销售人员不思进取，存在“吃老本”心态等。

案例分析：本案例是典型的渠道销售模式。公司的销售人员并不直接面对终端客户，其工作重点在于渠道建设和维护、提升渠道（4S 店）的质量上。另外，由于区域存在客观差异，造成各地实际业绩差异较大，所以，采用单一的回款提成模式并不合适。

解决方案：销售人员底薪不变。回款提成部分变更为“分蛋糕”模式。

（1）公司根据业务发展，测算各项成本费用，确定业务部门能分的“大蛋糕”。即业务部门月度总绩效工资 = 公司总业务回款 × 分配比例。

（2）根据岗位角色，确定岗位分配比例。如团队负责人、区域负责人、渠道经理、业务支持等不同职位类别。

（3）对渠道经理实行绩效考核。主要从渠道质量上进行考核（如采用出单率、出单增长率、出单量等）。

（4）渠道经理个人绩效工资 = 业务回款 × 岗位分配比例 / 全国渠道经理考核总分 × 对应渠道经理考核分数。

在这个激励方案中，一方面增加了绩效考核，可以引导渠道经理做好渠道建设；另一方面，避免了区域不同导致的差异，也防止渠道经理之间争抢“好”区域。

案例 4：某贸易公司的业务以出口为主，其销售人员的薪酬结构为“底薪 + 项目提成”。但其出口业务和季节有较大关系，业务量在不同季节存在较大差异。在业务量不多时，销售人员连续几个月薪酬过低，导致不少人离开公司。

案例分析：业务存在“淡旺季”是很正常的，但由于薪酬结构设计不合理，导致员工的收入在“淡旺季”差异过大，很容易出现人员流失的情况。企业应思考在业务量不多的时候，如何留住员工；在业务量多的时候，如何合理平衡收入。

解决方案：业务部门可以设立“奖金池”作为业务部门调节的抓手。比如，旺季时，将项目提成的一部分（如 10%～20%）储备起来，放入“奖金池”。在淡季或效益不好时，将“奖金池”中的金额根据情况进行调配。这样一来，就可以有效降低员工在旺季“赚一笔”就离职的风险。

7.2.5 【案例】销售人员薪酬设计案例

案例 1：某企业销售人员薪酬绩效管理制度。

一、目的

为完善薪酬绩效管理体系，激励销售人员努力实现工作目标，确保公司整体业绩目标的实现，特制定本制度。

二、范围

本制度适用于某企业所有销售人员。

三、薪酬结构

销售人员薪酬包括基本工资、绩效工资、提成和福利。基本工资在员工入职时根据工作经验、工作年限、能力素质等因素确定，绩效工资由员工绩效考核结果决定，提成由员工销售业绩决定，福利参照企业福利规定执行。

基本工资与绩效工资（基数）的比例为 1∶1。具体工资级别如表 7.3 所示。

表 7.3 销售人员不同级别下的基本工资与绩效工资

单位：元

工资级别	基本工资	绩效工资（基数）	合　计
5	6500	6500	13 000
4	5000	5000	10 000
3	4000	4000	8000
2	3500	3500	7000
1	3000	3000	6000

四、绩效考核

1. 渠道业务经理

渠道业务经理主要考查渠道开发数量，具体考核指标详见“渠道业务经理绩效考核表”。

（1）渠道业务经理月度绩效工资 = 月度绩效工资基数 × 当月绩效考核系数。绩效考核系数 = 绩效考核分数 /100。

（2）绩效考核系数上限为 150%，超过 150% 按照 150% 计算；绩效考核系数下限为 60%，低于 60% 按照 0 计算。

渠道业务经理连续两个月绩效考核系数为 0，工资级别降一级（已在最低级别的仍执行最低级别工资），并执行绩效改进计划。如果第三个月绩效考核系数仍为 0，则认定为不能胜任该岗位；如果第三个月绩效考核系数大于 80%，工资级别调整回原级别，否则仍执行降级后工资。

2. 渠道业务总监

渠道业务总监的具体考核指标详见“渠道业务总监绩效考核表”。渠道业务总监月度绩效工资 = 月度绩效工资基数 × 当月绩效考核系数。

3. 大客户经理

大客户经理的具体考核指标详见“渠道业务总监绩效考核表”。大客户经理月度绩效工资 = 月度绩效工资基数 × 当月绩效考核系数。

五、提成

1. 产品销售提成

所有销售人员在业务过程中产生公司产品的销售，提成按照产品销售回款额计算。即：产品销售提成 = 销售回款额 ×1%。

产品销售提成以回款时间计算，提成次月发放。

2. 业务提成

（1）渠道业务经理业务提成 = 订单佣金 ×5‰× 绩效考核系数 ×100%；

（2）渠道业务总监业务提成 = 月度订单佣金 ×1‰；

（3）大客户经理业务拓展提成 = 委托订单佣金 ×6‰。

六、其他说明

本制度解释权归人力资源部所有。本制度自 20×× 年 ×× 月 ×× 日起执行。自执行之日起，原有制度作废。

案例 2：某企业某事业部销售人员薪酬绩效管理制度。

第一章　总则

第一条　目的

为激励员工努力实现工作目标，促进员工自身素质、能力的提升，确保某事业部战略目标的实现，特制定本制度。

第二条　范围

本制度适用于某事业部全体销售岗员工。

第三条　基本原则

薪酬以岗位价值为基准，以岗定薪；同时薪酬与公司经营效益和个人绩效考核结果挂钩，体现绩效导向。

第二章　薪酬结构

第四条　薪酬结构

员工薪酬包括基本工资、绩效工资、提成和补贴。

基本工资与绩效工资具体标准如表 7.4 所示。

表 7.4　某公司销售人员工资表

单位：元

职　　位	职　　级	基本工资	绩效工资（基数）	合　　计
大区经理	4	7200	4800	12 000
	3	6000	4000	10 000
	2	5400	3600	9000
	1	4800	3200	8000

续表

职　　位	职　　级	基 本 工 资	绩效工资（基数）	合　　计
区域经理	5	4800	3200	8000
	4	4500	3000	7500
	3	4200	2800	7000
	2	3900	2600	6500
	1	3600	2400	6000

提成由员工销售业绩决定，补贴参照公司已发布规定执行。

第三章　绩效考核

第五条　绩效考核周期

所有销售人员入职后执行月度绩效考核和绩效季度考核。试用期员工参与绩效考核评定，试用期内绩效工资不与绩效结果挂钩，全额发放。

第六条　绩效考核目标及指标的调整

在绩效考核周期内，因客观环境变化，员工确实需要调整绩效目标或指标时，经事业部总经理及人力资源部审批同意后，可以进行调整。调整后的绩效目标，由人力资源部进行备案。

第七条　绩效考核结果申诉

1. 绩效考核过程中，员工如认为考核结果有误，应在绩效沟通时提出。如沟通后仍存在争议，可在绩效沟通后 3 个工作日内直接向事业部总经理提出书面申诉。

2. 书面申诉需要详细列明申诉原因、内容和解决建议，并附本人签字。逾期视为默认考核结果，不予受理。

3. 事业部总经理接到申诉后应及时对申诉情况进行充分了解，在申诉情况属实的情况下，与申诉人进行沟通协调，尽可能在部门内部解决。

4. 事业部总经理在 3 个工作日内未予受理，或员工对处理结果仍有异议的，可向人力资源部提起书面申诉。人力资源部在接到申诉后 3 个工作日内进行调查处理，并出具及备案最终申诉结果。

第四章　月度绩效考核

第八条　考核流程

1. 每月 28 日前，大区经理根据事业部总经理下达的任务指标分解到各区域下月的销售指标。

2. 每月 3 日前，销售助理统计上月的销售数据，上报至大区经理签字后，提交 HRBP（HR Business Partner，人力资源业务合作伙伴）。

3. 每月 5 日前，HRBP 将考核结果发送至被考核人邮箱，被考核者邮件回复确认结果。

4. 每月 8 日前，HRBP 汇总绩效分数并汇报至总监，总监审批后，HRBP 将结果发送至总部。

第九条　考核指标及对应绩效工资算法

1. 绩效考核指标详见“销售人员绩效考核表”。

2. 绩效工资算法

绩效工资 = 绩效分数 /100 × 绩效工资基数。

第五章　季度考核

第十条　考核流程

1. 季度结束的次月 15 日前，销售助理统计上季度的销售数据，上报至各大区经理及事业部总经理。

2. 季度结束的次月 20 日前，HRBP 根据上报数据计算员工季度绩效考核结果并汇报至事业部总经理，经事业部总经理审核后，将结果发送至人力资源部。

3. 销售助理将考核结果发送至被考核者本人邮箱，被考核者邮件回复确认结果。

第十一条　考核因素

季度绩效考核由月度绩效分数确定。季度考核绩效分数 = 月度考核分数平均值。

第十二条　职级调整

1. 试用期内，销售人员不参与季度考核。

2. 季度考核结果按照 20%、70%、10% 的比例划分等级，如表 7.5 所示。

表 7.5　考核等级表

等　　级	对应比例	职级调整
A	20%	具有升级资格
B	70%	职级不变
C	10%	降一级

说明：

（1）A 级员工具有升级资格，公司根据业务发展情况确定 A 级中职级调整的人员比例；B 级员工职级不变；C 级员工职级降一级；

（2）已经在岗位最高职级的员工，不再向上调整；

（3）季度考核连续两次 C 级的员工，则认定为不能胜任该岗位；

（4）季度考核为 C 级的员工，经绩效改进，在下一次季度考核中等级为 A，则恢复原职级。季度考核结束的次月执行新的薪酬标准。

第十三条　绩效改进

1. 每月绩效考核结束后，大区经理应与绩效考核结果差的员工进行沟通，指出不足，帮助绩效考核结果差的员工提升绩效。

2. 季度绩效考核结束后，大区经理与考核结果为 C 级的员工共同分析问题，制定下一季度的绩效改进计划。在员工书面签字或邮件确认后，由 HRBP 备案。

第六章　单项奖励

第十四条　单项奖励项目

1. 月销售冠军奖：每月根据绩效考核结果评选出一名月销售冠军，给予 500 元奖励，奖金与下月工资一并发放。

2. 季度销售冠军奖：每季度根据绩效考核结果评选出一名季度销售冠军，给予 2000 元奖励，奖金与下一季度第一个月工资一起发放。

3. 年度销售冠军奖：每年根据绩效考核结果评选出一名年度销售冠军，给予 5000 元奖励；奖金与下一年度第一个月工资一起发放。

未完成月销售任务的销售人员不参与月度与季度评奖。在各种奖励中，若发现虚假情况，则给予相关人员奖励金额五倍的惩罚，并从工资中扣除。

第六章　提成细则

第十五条　提成方式

提成比例为当月实际回款额的 3%，具体提成分配按照以下比例，如表 7.6 所示。

表 7.6　销售提成比例

岗　位	提成比例	提成范围
区域经理	2.0%	个人业绩
大区经理	0.7%	所辖大区
总监	0.3%	全国

1. 收到回款后的次月，经财务审核确认后，提成随工资一起发放。

2. 销售人员必须按照公司规定在产品的底价范围销售产品，特殊情况需以低于底价范围进行销售的必须向大区经理以上领导申请，公司根据实际情况重新制定销售提成百分比。

3. 为规范价格体系，维持销售秩序，避免销售人员之间出现恶性竞争，如果销售人员以高于公司规定的底价范围销售产品的，高出部分的10%将作为高价销售提成。

4. 销售人员如有损害公司利益、欺诈公司和客户的行为，未发放的提成不予发放。对于给公司造成损失的销售人员，待公司研究实际情况后给出处理意见，并让其赔偿相应损失；对于严重违法的销售人员，将追究其法律责任。

第七章 附则

第十六条 解释权

本制度由××事业部和人力资源部共同制定和解释。

第十七条 生效日期

本制度自20××年××月开始执行。

案例3：某企业电话销售团队提成办法

1. 电销团队经理

电销团队经理提成按照整个电销团队业绩进行核算。提成比例如表7.7所示。

表7.7 电销团队经理提成比例

销 售 额	提 成 比 例
≤30万元	1%
30万～50万元（含）	1.5%
50万～80万元	2%
≥80万元	3%

2. 电销团队主管

电销团队主管提成按照整个电销团队业绩进行核算。提成比例如表7.8所示。

表7.8 电销团队主管提成比例

销 售 额	提 成 比 例
≤15万元	1.5%
15万～25万元（含）	2.5%
25万～35万元	3.5%
≥35万元	4%

3. 电话销售代表

电话销售代表提成按照个人业绩进行核算。提成比例具体如表 7.9 所示。

表 7.9　电话销售代表提成比例

销　售　额	提成比例
≤ 0.8 万元	4%
0.8 万～1.2 万元（含）	6%
1.2 万～1.8 万元（含）	8%
1.8 万～2.5 万元（含）	10%
2.5 万～3.5 万元（含）	12%
3.5 万～6 万元	14%
≥ 6 万元	16%

7.3　研发人员薪酬设计

研发人员是指在企业中从事产品研发、技术开发工作的人员。通常这类岗位的专业性较强，工作的复杂程度较高，对学历、专业能力、创新能力等要求较高。

7.3.1　研发人员的薪酬特点

研发人员的薪酬水平主要取决于两方面：一是内部岗位价值，二是外部薪酬水平。一方面，研发人员对于以研发为核心竞争力的企业至关重要。比如，一些高端技术行业的企业对研发投入较大，对研发人员的水平要求较高，因此研发人员的薪酬水平也较高；而对技术创新要求不高的企业，其研发人员的薪酬水平相对较低。另一方面，研发人员的薪酬水平受外部市场的影响。比如，一项新技术在开始广泛应用的时候，拥有这项研发经验和能力的人员是各企业竞相争夺的对象，其薪酬水平自然水涨船高；而对于落后或面临淘汰的技术，对研发人员的需求也会急剧减少，其薪酬水平自然面临下降。

7.3.2　研发人员的薪酬模式

从薪酬水平来看，以研发为核心竞争力的企业对其研发岗位会执行市场领先策略，从而吸引和保留优秀的研发人员。

从薪酬结构来看，研发人员不直接参与销售过程，其工资稳定性较高，固定薪资占比较高。另外，企业也会鼓励研发人员不断提升产品品质，从而提高产品的市场竞争力。有些企业为了尽快占领市场，对产品的研发周期也有要求，为了激发研发人员的工作积极性，企业一般会设立项目奖金。所以，不少企业对研发人员实行“基本工资＋项目奖金＋福利”的薪酬结构。同时，一些企业为了鼓励研发人员不断提升自身专业技术水平，也会设置研发的职业发展通道。比如，对于研发工程师，可设置助理研发工程师、研发工程师、中级研发工程师、高级研发工程师、资深研发工程师、专家研发工程师等。对于不同的专业等级，可设置不同的薪酬标准，员工在达到标准后可调整级别，薪酬也会随之上涨。另外，有些企业还会直接调整基本工资或设置不同标准的技术工资或技术补贴，这部分由于专业技术能力的增长带来的薪酬上涨，可以归为“技术薪酬”范围。

1. 基本工资

研发人员的工作性质决定了薪酬的固定部分占比较高，一般来说，基本工资占薪酬的 70% 左右。

2. 项目奖金

研发人员绝大多数是以团队为单位完成工作的，所以在设置项目奖金时，一般以项目为单位。项目奖金的设计需要注意三点：一是如何确定项目奖金总额；二是项目奖金如何分配到个人；三是项目奖金的支付。

（1）项目奖金总额的确定。

因为多数研发项目成果的价值很难直接量化，所以企业一般会按照项目的大小、难度、重要性等对项目进行分级，对不同等级的项目设置不同的项目奖金标准。

当项目奖金标准确定后，为了激励研发项目团队按时、高质量地完成研发任务，企业一般会对项目进行一些考核。项目的完成情况直接影响项目奖金总额的多少。一般来说，如果项目按时完成，项目成果经评审后达到标准的，项目奖金总额可以全额发放；如果企业对研发项目的完成时间有较高要求，项目提前完成对企业有重要影响，项目奖金总额会提高，甚至会设立提前完成项目奖励；相反，如果项目没有按时完成，项目奖金总额会减少；如果因项目质量等因素造成项目拖延时间较长，造成严重影响的，可能会取消项目奖金，甚至扣减其他工资。

（2）项目奖金的分配。

项目奖金分配到个人，主要根据项目组成员对项目的贡献大小、角色分工的不同来决定。而贡献大小、角色分工可以参考岗位价值和对项目的影响程度设置不同的系数。

此外，有些企业会对项目人员的工作表现进行评定，评定结果也会影响项目奖金的个人分配。

（3）项目奖金的支付。

项目奖金的支付设计，主要是针对支付时间。有些企业的项目研发时间较短，如两三个月，这种情况下，项目奖金可以在项目结束、项目评定完成后发放。有些企业的项目研发时间较长，如一两年甚至更长时间，这种情况下，如果等项目完成后再发放项目奖金，可能导致激励不足，项目团队人员满意度较低。这时，企业可以分阶段发放项目奖金；企业按照项目的进展情况将项目分成几个阶段，在每个阶段节点（有的企业也叫企业里程碑）完成阶段性项目成果，且审核通过后，就发放项目奖金，并设置一些团体建设活动。这样不但起到激励的效果，也可以让团队成员体验到一种目标完成的成就感，激励研发人员更好地完成接下来的研发工作。此外，有些企业的项目研发周期很长，如三年、五年甚至更长时间，且不好预测阶段结果，可以以年度形式发放一定比例的奖金。

3. 技术工资（补贴）

在很多企业中，技术职业通道中的总工程师或首席技术专家的薪酬很高，可以达到副总经理的薪酬等级。甚至一些以技术为核心竞争力的企业，首席技术专家的薪酬比总经理还高。这种做法，主要是为了吸引重要的技术人才。目前比较通用的双通道 / 多通道的薪酬设计有两种：一是各通道使用相同的薪级表，根据对应的薪级体现薪酬的高低；二是各通道使用不同的薪酬结构和薪级表，对于专业技术通道来说，可以根据职称的不同设计不同的技术补贴或专业职称工资，作为对岗位工资的重要补充。

7.3.3 【案例】研发人员项目激励设计案例

某企业研发人员项目奖励制度如下。

第一条　总则

为激发公司研发人员参与研发工作的积极性，确保新产品研发能够按计划进度进行，促进公司产品技术水平的不断提高，特制定本制度。

第二条 激励办法

1. 研发项目评级

研发人员参与的科技研发项目，应进行等级评定。评级办法依据本制度所附“研发项目级别评估表”进行。

2. 研发项目的考核

公司对批准立项的研发项目从项目进度、项目质量、项目成本、项目文档等方面进行考核，考核细节见本制度所附“研发项目考核表”。

3. 研发项目奖励金额

公司对批准立项的科技研发项目均设立一定数额的激励金额。

根据本制度对研发项目进行考核后，项目奖励总金额与考核结果的对应关系如表 7.10 所示。

表 7.10 项目奖励总金额与考核结果的对应关系

考核结果	项目奖励总金额
80 分以上	该项目的激励金额 × 考核得分 /100×1.5，并奖励公费旅游
50～80 分（不含）	该项目的激励金额 × 考核得分 /100
50 分（不含）以下	无

4. 项目奖励总金额分配

项目奖励总金额的分配根据项目人员承担的责任、项目角色、个人考核结果来确定。

（1）项目负责人对项目全权负责，奖励比例为项目奖励总金额的 30%，即项目负责人的项目奖金 = 项目奖励总金额 ×30%。

（2）项目其他人员。

项目其他人员共计提 70% 的项目奖励总金额。项目人员个人分配奖金由项目角色系数和评价系数（个人工作能力态度评价结果）决定。评价表见本制度所附“项目人员工作能力态度评价表”。

岗位对应项目角色系数如表 7.11 所示。

表 7.11 岗位对应项目角色系数表

岗 位	项目角色系数（p）
研发工程师	1.3

续表

岗　　位	项目角色系数（p）
测试工程师	0.8
设计师	0.9
项目助理	0.5

项目评价系数如表 7.12 所示。

表 7.12　项目评价系数表

等　　级	项目角色系数（e）
优秀	1.5
良好	1.0
合格	0.8
不合格	0

项目其他人员奖金 = 项目奖励总金额 ×70%×（$p_i \times e_i$）/ $\sum$（$p_i \times e_i$）。

第三条　激励执行

1. 项目立项时，由项目负责人填写“研发项目级别评估表”，由项目评委会审核后确定项目级别，并由研发总监建议奖励额度。经总经理审批通过后，由人力资源部、财务部备案。

2. 项目结束后，由项目负责人填写“研发项目考核表”，由项目评委会审核后确定项目考核结果，并提交总经理审批。

3. 总经理审批通过后，如果项目考核高于 50 分，项目负责人对项目其他人员进行工作能力和态度评定。

4. 项目负责人将“项目人员工作能力态度评价表”提交人力资源部，经人力资源部核算奖金后，提交财务兑现。

本制度自 20×× 年 ×× 月 ×× 日执行。

附表如下。

表 7.13　研发项目级别评估表

项目名称						
项目经理				××人/天 （ / / ～ / / ）		
项目级别评估						
评估维度		描述	权重	评分说明	评估分值	评审组评分平均分
项目工期	工作量/时间紧迫性	项目研发的实际时间要求与正常情况下研发时间相比；研发进度要求情况	30%	工作量大，研发进度要求紧	20～30 分	
				工作量较大，研发进度要求较紧	10～19 分	
				一般	10 分（不含）以下	
项目技术含量	自主研发/技术实现难度	项目需运用多种现有技术且技术较为复杂，项目研发较难	55%	自主研发难度非常大	10～15 分	
				自主研发难度较大	5～9 分	
				难度一般，完全能自主研发	5 分（不含）以下	
	对技术进步贡献	本项目所用技术对事业部开发水平与能力提升的促进作用		大幅提升事业部研发水平与能力	7～10 分	
				有效提升事业部研发水平与能力	3～6 分	
				一般	3 分（不含）以下	
	技术创新性	项目需要运用事业部尚未掌握但与现有技术有交叉或边缘关系的技术或全新技术，技术指标先进性与在行业中的技术地位		国内或同行领先	14～15 分	
				国内或同行先进	10～13 分	
				填补公司空白	6～9 分	
				较先进	2～5 分	
				一般	2 分（不含）以下	
	技术通用性	项目研发所用技术能够在今后的项目研发中得到充分运用，或者是今后的研发技术能在本项目技术上扩展和延伸		通用性非常强	10～15 分	
				通用性较好	5～9 分	
				通用性一般或基本上不通用	5 分（不含）以下	

续表

项目风险	客户需求变化或产品功能定位变化可能较大，导致研发计划发生变更，或者同业人员也在开发功能类似产品，从而降低市场竞争力	15%	风险非常大	10～15 分	
			风险较大	5～9 分	
			风险一般	5 分（不含）以下	
合计		100%	最终得分		
激励金额： A 类项目——5 万～10 万元 B 类项目——2 万～5 万元（含） C 类项目——2 万元（不含）以下		评估得分与项目级别对应关系		项目级别确定为	
		评估得分	项目级别		
		85 分及以上	A 级		
		60～84 分	B 级		
		60 分（不含）以下	C 级		
项目激励金额建议为		总经理确定项目奖励金额为			

表 7.14　研发项目考核表

项目名称							
项目编号			立项时间				
项目经理			项目阶段				
项目阶段考核							
序号	考核维度	考核内容描述	权重		评分说明	实际情况	得分
1	项目进度	是否按计划完成，开发延误率 A=（开发实际周期 - 开发计划周期）/ 开发计划周期 ×100%（备注：开发周期不含计划变更延后时间）	40%	A ≤ -20%，记 40 分			
				-20% ＜ A ≤ 20%，记 30 分			
				20% ＜ A ≤ 50%，记 20 分			
				50% ＜ A ≤ 100%，记 10 分			
				100% ＜ A，记 0 分			
2	项目质量	是否达到预期或客户要求，研发项目阶段成果达成率 B= 各项目实际阶段成果达成数 / 计划达成数 ×100%	30%	B ≤ 30%，记 0 分			
				30% ＜ B ≤ 50%，记 5 分			
				50% ＜ B ≤ 70%，记 15 分			
				70% ＜ B ＜ 100%，记 25 分			
				100% ≤ B，记 30 分			

续表

3	项目成本	实际使用的费用与计划投入费用的差异，超支率 C=（阶段实际使用费用 - 计划预算额）/ 计划预算额 ×100%	20%	C ≤ -20%，记 20 分			
				-20% ＜ C ≤ 20%，记 15 分			
				20% ＜ C ≤ 50%，记 10 分			
				50% ＜ C ≤ 100%，记 5 分			
				100% ＜ C，记 0 分			
4	项目文档	及时按规范要求输出文档	10%	文档编写及时且符合要求，记 10 分			
				文档编写及时但不够规范，记 6 分			
4	项目文档	及时按规范要求输出文档	10%	文档编写不及时也不够规范，记 4 分			
				阶段工作中有文档输出要求但实际没有输出且没有暂不输出说明，记 0 分			
说明：项目质量按项目开发阶段不同而衡量标准不同，各阶段质量指标（如设计错误率、软件编码错误率等）由研发部确定并可设定否决性指标 (如样机评审一次性通过率、功能 / 性能指标改进完成率等)						合计	
项目经理对项目阶段结果评价意见：						项目经理签字：	

表 7.15　项目人员工作能力态度评价表

序号	指标名称	90～100 分	75～89 分	60～74 分	60 分（不含）以下	权重	得分
1	专业知识	全面掌握本专业理论知识，对某些问题有独立见解	掌握本专业理论知识，具有一定的深度	基本掌握本专业知识，能够满足工作要求	对本专业知识仅有初步了解，影响工作的正常开展	15%	
2	学习能力	能够积极地学习各方面的知识，注重提高自己的能力，遇到问题虚心向别人请教，能不断地积累经验	认真学习工作所需的专业知识和岗位技能，并能在工作中不断提高解决实际问题的能力	能够学习工作中所需的专业知识和岗位技能，参加中心组织的培训，并能通过考核，但是主动性不够，涉猎面不广	很少学习工作中所需的知识和技能，培训考核成绩较差，工作中遇到问题不能虚心听取别人意见	15%	

续表

序号	指标名称	90～100 分	75～89 分	60～74 分	60 分（不含）以下	权重	得分
3	沟通能力	具有出色的谈话技巧，易于理解，表达清晰简洁，能够很好地倾听别人的倾诉，明白对方的想法和要求	抓住要点表达意图，陈述意见不太需要重复说明，能够注意倾听，力求明白	语言欠清晰，但尚能表达意图，有时需要反复解释，能够倾听，有时一知半解	含糊其词，意图不明	10%	
4	主动性	能够自觉地完成工作；及时发现问题，快速响应；提前行动，避免问题发生	能够完成工作，发现问题能够做出反应；有一定的提前计划和思考的意识	基本能够完成工作，在他人的提醒下，能够提前计划和思考	不能自觉地完成工作任务，需要他人的督促；不能提前计划或思考问题，直到问题发生后才能意识到事情的严重性	15%	
5	规划安排能力	开展工作前能够制定详尽而完备的计划，让各项工作都能有序进行	复杂任务并行或工作量较大时，较难准确划分处理不同任务的优先次序	对任务所花费的时间判断不准确，难以对任务进行恰当的时间安排	工作无计划，不分重点，经常处于无序、混乱的状态，严重影响工作效率	15%	
6	执行力	工作效率高，完成任务快，质量高	工作效率尚可，能分清主次，能按时完成工作，基本保证质量	效率较低，需要别人帮助才能完成任务	工作不分主次、效率低，经常完不成任务	15%	
7	抗压能力	能够承受压力较大的工作，迅速将工作中的压力转化为前进的动力，在压力面前也能正常工作	具有较强的心理承受能力，通常情况下不会轻易因困境或挫折而情绪低落	较难接受工作压力的必然性和必要性，对工作压力有一定的抗拒心理	对压力的承受能力很低，遇到压力较大的工作时，就难以正常开展工作	15%	

7.4 生产人员薪酬设计

生产人员是企业产品的直接生产制造者，对于制造行业来说，生产人员的数量占相当大的比重。

7.4.1 生产人员的薪酬特点

1. 薪酬水平相对较低

由于生产岗位所需的学历、知识技能相对简单，因此生产人员的薪酬水平相对较低。一些企业生产人员的基本工资设置会参考国家每年推出的工资指导线和最低工资标准。

2. 和外部环境紧密相关

生产人员的薪酬和外部环境紧密相关，如经济形势、产业发展变化、劳动力市场等。一方面，由于产能过剩、产业结构调整等情况，一些企业的经营状况发生困难，此时，这些企业的生产人员的薪酬不仅很难提高，反而会降低，企业甚至有可能采用经济性裁员来解决经营困难；另一方面，由于中西部的发展，东部沿海、长三角、珠三角开始面临“用工荒”，企业需要通过提升薪酬福利、提高劳动保障来吸引和保留人员。

7.4.2 生产人员的薪酬模式

生产人员的薪酬结构一般包括固定薪资、浮动薪资和各类津补贴。浮动薪资一般有几种形式，包括计件工资制、计时工资制和产量工资制。一些行业由于生产环境比较恶劣、生产时间长等，为了体现对生产人员的“弥补”，还会设置高温津贴、夜班津贴、井下津贴、野外矿工津贴、山区津贴、林区津贴等。有的企业主要对生产质量和生产成本实行考核，考核结果会直接影响生产人员的工资。

1. 计时工资制

计时工资制是以工作时间作为计量单位进行工资的计算。这种工资制对员工的考核和工资的计量很容易，但也有明显的不足，其无法直接反映员工的工作结果。

对于生产人员的计时工资来说，一般采用小时工资制和日工资制。比如，某企业员工 A 的工资标准为 20 元 / 小时，某月 A 的工作时间为 160 个小时，其计时工资部分为：20 × 160=3200 元。

从计时工资的计算方式可以看出，如果两个员工的工资标准一致，且工作时长相同，那么两个员工的计时工资是一样的。这就无法反映同等级员工在同一工作时间内劳动量和劳动成果的差别。

在采用计时工资制的企业，为了更好地激励员工，也会设置其他奖励制度来弥补计时工资制的不足。

一些行业存在生产“淡旺季”的现象，为了满足生产需要，一些企业会在生产旺季雇用临时工。对临时员工（包括短期工、派遣工）的工资核算，常常采用计时工资制，以方便计算。

2. 计件工资制

计件工资制是指按照产品数量为计量单位进行工资的计算。计件工资由计件单价和产品数量决定。比如，某企业生产组装一件产品的单价为 2 元，员工 B 在某月完成 1100 件产品的组装，其计件工资为：2 × 1100=2200 元。

在实际操作中，也可以将核算方法做改进。比如，有些企业为了激发生产人员的能动性，会将计件单价标准设置成阶梯式，如表 7.16 所示。

表 7.16　某企业生产单价表

生产数量	300 件（不含）以下	300～1000 件	1000 件（不含）以上
计件单价	1.5 元	2 元	2.5 元

生产人员 A 某月生产数量为 560 件，其计件工资为：300 × 1.5+(560−300) × 2=970 元；生产人员 B 某月生产数量为 1200 件，其计件工资为：300 × 1.5+（1000−300） × 2+（1200−1000） × 2.5=2350 元。

3. 产量工资制

有些行业的产品是由多人共同完成的，无法计算某一个人的产量。比如，矿山企业的工人是无法用计件工资来衡量其工作量的。这时可以采用产量工资制。

产量工资由产量（生产完成量）和产量工资系数决定。公式为：产量工资 = 产量 × 产量工资系数。有的企业会设置基础产量，超过部分才核算产量工资，这时产量工资 =（实际产量 - 基础产量） × 产量工资系数。产量工资系数一般会根据生产人员的工资水平和产量预期来推算得到。产量工资系数确定前需要测算，在推广前最好试行一段时间，如果有不合适的地方，则需要调整后再推行。

4. 绩效考核

有的企业对生产人员还设置绩效考核，使绩效工资与绩效考核结果挂钩。在对生产人员的考核上，常用良品率（合格率）等指标来把控生产质量。

7.4.3 【案例】生产人员薪酬设计案例

某企业生产中心薪酬管理制度如下。

一、目的

为了规范生产中心薪酬管理，提高团队凝聚力和主动性，促进生产产量、质量的提升，特制定本制度。

二、适用范围

本制度适用于生产中心全体员工。

三、薪酬结构

员工薪酬包括基本工资、激励工资和津补贴。

1. 基本工资根据岗位、工作经验、工作年限、能力素质等因素确定；津补贴参照企业津补贴及福利管理办法执行。

2. 激励工资具体规定如下。

（1）生产中心主任。

生产中心主任激励工资 = 绩效工资基数 × 考核系数，考核系数 = 考核分数 / 100。绩效考核依据“生产中心主任绩效考核表”评定。

当月度生产产量超过核定标准（核定标准 = 生产编制内人员数量 ×1000，即人均产能月均 1000 台），生产中心主任享有超额奖金。超额奖金 =（当月实际生产产量 - 定员人数 ×1000）×0.2。

（2）生产人员。

生产人员的激励工资与当月总产量、计件单价和个人出勤时间相关。生产人员激励工资 = 总产量工资 / 全体生产人员总出勤时间 × 个人实际出勤时间。总产量工资 = $\sum(y_i \times e_i)$，y 为生产产量，e 为计件单价。生产人员各产品计件单价如表 7.17 所示。

表 7.17　生产人员各产品计件单价

产　　品	A 产　品	B 产　品	C 产　品
计件单价 e	1.6 元	2.5 元	4.8 元

（3）质检人员。

质检人员的激励工资与当月总质检量、计件单价、个人出勤时间和绩效考核相关。质检人员激励工资 = 总质检工资 / 全体质检人员总出勤时间 × 个人实际出勤时间 ×

绩效考核系数。其中，绩效考核系数 = 考核分数 /100。绩效考核依据“质检人员绩效考核表”评定。总质检工资 = $\sum(q_i \times e_i)$，q 为质检量，e 为计件单价。质检人员各产品计件单价如表 7.18 所示。

表 7.18　质检人员各产品计件单价

产　品	A 产 品	B 产 品	C 产 品
计件单价 e	0.3 元	0.4 元	0.6 元

（4）维修人员。

维修人员的激励工资与维修数量、计件单价和绩效考核相关。维修人员激励工资 $=r_i \times \sum(y_i \times e_i)$。其中，考核系数 r= 考核分数 /100，绩效考核依据“维修人员绩效考核表”评定；y 为维修数量；e 为计件单价。维修人员各产品计件单价如表 7.19 所示。

表 7.19　维修人员各产品计件单价

产　品	A 产 品	B 产 品	C 产 品
计件单价 e	2 元	2.5 元	3.5 元

四、其他说明

此制度自 20×× 年 × 月 × 日起试运行，期限为 2 个月。试运行期间，生产中心所有人员的薪酬仍按原制度执行。根据实际运行情况，人力资源部对该制度相关规定进行调整，并重新颁布。新颁布的管理制度于 20×× 年 ×× 月 ×× 日起正式执行。

7.5　职能人员薪酬设计

职能人员主要是指不直接从事生产、销售等业务的后台人员，包括财务人员、人力资源管理人员、行政管理人员、其他支持岗位人员等。

7.5.1　职能人员的薪酬特点

由于职能人员不直接参与研发、生产、销售等企业价值链重要环节，而且职能人员的工作门槛和工作压力相对较低，工作环境相对较好，岗位竞争也比较激烈，这些都导致职能人员的薪酬水平偏低。

但是，在职能岗位里，一些岗位对工作人员的专业、能力要求比较高，如财务、人力资源管理的某些岗位。所以，这些岗位的薪酬水平与其他职能岗位相比，整体会高一些。

因为职能岗位不直接参与生产、销售，所以其薪酬结构也相对简单，大多数岗位的薪酬以固定薪资为主。目前，一些企业对职能人员也进行绩效管理，职能人员薪酬中的绩效工资高低，受绩效考核结果的影响。

7.5.2　职能人员的薪酬模式

1. 基本工资

由于职能人员的工作性质，其固定部分（基本工资）的占比较高，一般来说，职能人员的基本工资占比为70%～80%。有些企业对职能人员也设计双通道发展模式，职能人员的基本工资与其职级挂钩，受工作经验、能力水平等影响。

2. 绩效工资

职能人员的绩效工资一般占比为20%～30%，对职能人员的绩效考核主要根据其工作完成情况、上级评定等确定。

职能人员绩效工资 = 绩效工资基数 × 绩效考核系数。其中，绩效工资基数受其职级等影响，绩效考核系数与绩效分数相关。在有些企业中，职能人员的绩效工资与企业的业绩情况或所支持的事业部、业务单元的绩效情况相关，职能人员绩效工资 = 绩效工资基数 × 个人绩效考核系数 × 所在事业部（业务单元）绩效系数。

7.5.3　【案例】职能人员薪酬设计案例

某企业职能人员薪酬绩效管理办法如下。

一、目的

优化原有绩效考核管理办法，激励职能人员更好地达成目标、完成工作。

二、适用范围

适用于人力资源部、行政部、财务部、销售支持部、法务部除部长外的所有员工。

三、薪酬结构

职能人员薪酬结构分为基本工资、绩效工资和津补贴。其中，基本工资根据工作能力水平、工作经验等确定，并根据考勤核算；绩效工资根据绩效分数核算；津补贴按照公司津补贴办法执行。

四、绩效考核与绩效工资

1. 考核周期

（1）绩效考核分为月度考核、年度考核。

（2）员工入职后的次月执行月度绩效考核，绩效工资不与考核结果挂钩，但作为员工能否转正的重要参考因素。在员工转正后，其考核结果与绩效工资挂钩。

2. 月度考核内容及流程

月度考核分为三部分，即工作业绩、工作态度、工作亮点 / 失误（加减分项）。其中，工作业绩和工作态度为百分制，工作业绩权重为 75%，工作态度权重为 25%；工作亮点 / 失误为 100 分之外的加减分项。每个岗位的绩效考核指标详见“岗位月度绩效考核表”。

3. 考核流程

（1）每月最后一个工作日前，被考核者填写当月考核表，并制订下月工作计划，一并提交考核者。

（2）次月 3 日前，考核者对被考核者上月的考核内容进行评定打分，然后与被考核者进行绩效反馈和面谈沟通。在达成一致意见后，由被考核者在“月度绩效考核表”上签字确认。

（3）次月 5 日前，各部门部长对本部门所有员工绩效分数进行最终确认。

4. 年度绩效考核

（1）年度考核内容包括全年考核整体情况和工作能力评价，详见“工作能力评价表”。全年考核整体情况即全年月度考核结果的平均值，工作能力评价一年一次，于每年年底（12 月）进行。

（2）年度考核评定为百分制。其中，全年考核整体情况权重为 70%，工作能力评价权重为 30%。

（3）年度考核结果是员工职业发展（晋升、晋级晋档、降级降档、调薪、转岗等）、年终奖发放、评优的重要参考因素。

5. 绩效工资计算

（1）绩效工资 = 绩效工资基数 × 绩效考核系数。

（2）绩效工资基数根据岗位职级确定，各职级绩效工资基数如下。

经理级：工资的 30% 作为绩效工资基数。

主管、专员级：工资的 20% 作为绩效工资基数。

助理级：工资的 10% 作为绩效工资基数。

（3）绩效考核系数与考核分数对应关系如表 7.20 所示。

表 7.20　绩效考核系数与考核分数对应关系

考 核 分 数	绩效考核系数
＞100 分	1.5
95～100 分	1.0
80～94 分	考核分数 /100
70～79 分	0.7
60～69 分	0.6
＜60 分	0

如果某员工连续两个月考核分数低于 60 分，则降岗降薪，降薪幅度为 30%。直接上级应给予该员工绩效辅导，并针对其不足共同制订绩效改进计划。如果该员工第三个月的考核分数达到 70 分（含）以上，则恢复其原职级和薪酬。

五、其他说明

本制度由人力资源部制定并解释，自 20×× 年 × 月起执行。

第 8 章

年终奖设计

年终奖是指企业根据年度经营情况和员工的年度工作表现发放给员工的报酬，一般在春节放假前发放。因为每个公司自身的情况不同，所以年终奖的发放形式、发放额度、评价标准等也存在差异。

虽然年终奖可发可不发，但是年终奖常常伴随着农历新年的到来，其激励效果高于一般的奖金发放，因此，在我国企业中，年终奖的实行非常普遍。设计合理的年终奖，不仅有助于提升员工满意度和工作积极性，也有助于企业保留优秀员工。

8.1 年终奖的常见形式和影响因素

我国发放年终奖的历史可以追溯到秦汉时期。古代年终奖的形式一般为实物，如大米、牛羊肉、丝帛等，有的朝代也会发放银钱。到了 20 世纪初，像商铺的伙计、作坊的工匠、公司的职员，一般都有年终奖，形式主要是红包。本节介绍目前年终奖的常见形式，以及影响年终奖分配的因素。

8.1.1 年终奖的常见形式

年终奖的常见形式有年底双薪 / 三薪、绩效奖金、红包、超目标利润分享等。年终奖的常见形式如表 8.1 所示。

表 8.1　年终奖的常见形式

年终奖常见形式	解　释	目前应用范围
年底双薪或三薪	年底多发一个月（年底双薪）或两个月（年底三薪）的工资	外资企业较多
红包	根据员工一年的综合表现发放红包	小型民营企业
绩效奖金	根据绩效结果发放年终奖	应用普遍
超目标利润分享	根据年初目标和计提比例与实际达成情况兑现年终奖	初创期、业务快速发展期的企业

1. 年底双薪 / 三薪

年底双薪 / 三薪是较常用的年终奖发放形式。很多企业，尤其是外资企业会采用这种形式，即年底多发给员工一个月（年底双薪）或两个月（年底三薪）的工资。这种方式不与绩效考核挂钩，一般只要入职满一年的员工就会有。对于不满一年的员工来说，常常会按照入职时间折算。这种方式的优点是方便核算，缺点是没有考虑企业的经营情况和员工的工作绩效，激励性不强。

2. 红包

年终奖以红包形式发放，通常在小型民营企业中比较常见。因为企业规模小，老板对员工比较熟悉，所以通常会根据员工一年的综合表现发放一个红包。该红包数额通常由老板决定，没有固定的发放规则，且发放金额一般只有老板和员工个人知道。

在一些企业里，对某些做出特殊贡献的员工或老板想重点保留的员工，除了采用其他年终奖形式，还会以发红包的形式作为补充奖励，以达到保留员工的目标。

3. 绩效奖金

这种年终奖发放形式一般根据绩效结果进行核算，因为考虑了绩效的差异，较好地激励了绩优员工，所以这种形式使用得也很广泛。

有些企业会对不同岗位设计不同的年度绩效奖金基数，再根据绩效评估结果转化为绩效系数，即可得到每个员工的年终绩效奖金。有的企业的年终绩效奖金的基数是基本工资，根据绩效结果发放几个月的基本工资。

对于员工来说，由于绩效结果（年终绩效系数）的影响，年终奖数额上的差距显而易见。比如，对于岗位和基本工资相同的两个员工来说，一个绩效平平的员工，年终奖是一个月基本工资；另一个绩优员工的年终奖是三个月基本工资甚至更高，两者的差异是比较大的。

有些企业的年终奖设计得比较完善，会结合年度经营情况、部门绩效情况和员工个人绩效结果发放奖金。

4. 超目标利润分享

这种年终奖发放形式常见于初创期或业务快速发展期的企业，主要目的是激励员工达成目标或超额达成目标。

采用这种年终奖发放形式的企业一般会在年初制定目标，或者将目标进行细分（如基本目标、第一阶段目标、第二阶段目标），并明确达成目标（或不同阶段目标）后的利润分享计提比例。对于快速发展的企业来说，目标的达成非常重要。如果未达成目标，一般不会发放年终奖或发放很少一部分。员工业绩达成得越好，其计提比例或系数就会越高，从而激励员工充分发挥自身潜力，超额完成目标。

8.1.2 年终奖的影响因素

实际上，年终奖是企业与员工分享经营成果的一种方式，其影响因素主要包括三个层面：公司层面、部门 / 团队层面和个人层面。

如果把年终奖比喻成“分蛋糕”，就很好理解其含义了。首先，要确定“蛋糕”的大小。“蛋糕”的大小是根据企业经营情况来确定的，这个层面 HR 能发挥的地方很少。其次，“蛋糕”的分配方法是员工最关心的问题，也是 HR 要重点考虑的问题。“分蛋糕”通常要考虑部门 / 团队层面和员工个人层面。最后，通过年终奖的合理分配达到激励员工、增强凝聚力的目的。

年终奖的影响因素如表 8.2 所示。

表 8.2 年终奖的影响因素

分 类	影响因素	因素解释	结果应用
企业层面	经营财务指标	经营情况（营收、利润情况）好，年终奖总额高	确定年终奖总额
部门 / 团队层面	组织绩效	所在部门 / 团队的贡献和表现	部门 / 团队绩效奖金系数或部门 / 团队年终奖总额
个人层面	当年工作时间	基础因素	确定有无的因素，影响金额
	岗位	岗位价值及岗位层级	影响个人年终奖计算基数或奖金系数
	个人绩效	年度个人绩效结果或综合评定	影响个人年终奖计算基数或奖金系数

1. 企业层面

一般来说，企业会根据当年经营情况确定年终奖总额，即确定“蛋糕”的大小。有些企业有固定的年终奖发放规则，如年底双薪 / 三薪制，这种企业的年终奖相对固定，和企业人数有关，年终奖是按照人力成本进行核算的。但其他年终奖的形式，即使不提前确定其总额（“蛋糕”的大小），也会由 HR 根据年终奖方案计算出年终奖总额，且年终奖总额应符合企业的经营情况。

2. 部门 / 团队层面

年终奖的分配要考虑部门 / 团队层面。在企业中，一般情况下业绩的达成不是通过一己之力完成的，而是通过各个部门或团队通力协作完成的。如果一个团队的业绩很糟糕，未达成目标，那么员工个人表现得再突出、再敬业，对企业的意义也不大，甚至没有意义。

一般来说，需要通力协作才能完成的部门或团队，如项目部、业务部等，这个层面的影响因素更重。而职能、支持部门，这部分因素会少一些。

3. 个人层面

在个人层面，年终奖主要考虑员工的贡献。对员工贡献的评价会从当年工作时间、岗位和个人绩效三个方面考虑。

（1）当年工作时间。

一般来说，年终奖的发放一定会考虑员工的当年工作时间。比如，入职不满三个月或六个月，以及长期休假的员工，当年不享受年终奖。当然，考虑到年终奖发放时间在春节前，为了体现企业的人文关怀，部分员工可以按月折算年终奖，或者以过年红包的形式适当发放年终奖。

当年工作时间是主要影响年终奖是否发放的基础因素。

（2）岗位。

员工的岗位价值越高、级别越高，其承担的责任越大，对企业的影响力也越大。这个因素是影响年终奖发放的重要因素。很多企业的年终奖计算基数使用基本工资，或者年度绩效工资基数，这些基数主要是根据岗位价值、岗位层级来确定的。不同岗位层级在年终奖的分配上会有明显的差异。如果是固定的“年终奖金包”的形式，那么不同岗位层级分配的奖金系数会有很大差异。总之，岗位是影响年终奖发放多少的重要因素。

（3）个人绩效。

个人绩效体现了员工个人的付出和结果。通过个人绩效可以看出员工的个体差异，工作是优还是差，并在年终奖上有所体现，可以区分同等级别或同类岗位员工的贡献度和整体评价。个人绩效一般通过绩效考核或综合评定得到。个人绩效考核和评定的方式很多，有的企业会把当年月度或季度的绩效结果总分或平均分作为年终奖个人绩效考核和评定的依据，而有的企业除了日常绩效考核外，还会增加能力、素质的测评，工作总结述职等评定。

8.2 年终奖计算方法

年终奖按年底双薪 / 三薪制形式发放的，其金额很明确；年终奖按红包形式发放的，其金额很难确定，所以本节只介绍绩效奖金和超目标利润分享两种年终奖发放形式的计算方法。

8.2.1 年终绩效奖金计算方法

在上一节中提到，年终奖的影响因素之一是企业的年度经营情况。在实际操作中，一些企业会在计算年终奖时，先确定奖金的总额度（即“蛋糕”的大小），这种方式叫作封闭式年终奖分配。另一些企业先不控制年终奖的总额度，而是根据岗位、绩效等其他因素先计算员工的年终奖，这种方式叫开放式年终奖分配。

1. 封闭式年终奖分配

（1）确定年终奖总额。

年终奖总额的确定需要考虑两个因素：一是基数，二是计提比例。

基数一般会选择利润。在计提比例方面，较为简单的是设置一个固定的比例，也可以设置为累进比例，即设定不同的利润区间，不同利润区间的计提比例也不一样。一般来说，利润越高，计提比例会越高。

举例说明：

A 企业年终利润为 1500 万元，按照 8% 的计提比例，年终奖总额为：1500 万元 × 8%=120 万元。

B 企业的年度利润额与年终奖提取比例如表 8.3 所示。

表 8.3 年度利润额与年终奖提取比例

利 润 额	累进提取比例
100 万元＜基本目标≤ 200 万元	5%

续表

利　润　额	累进提取比例
200 万元＜第一阶段目标≤ 500 万元	8%
第二阶段目标＞ 500 万元	12%

若 B 企业年终奖利润为 280 万元，年终奖总额为：280 万元 ×8%=22.4 万元。

（2）根据部门 / 团队绩效确定部门 / 团队的年终奖总额。

第一步：确定部门 / 团队绩效系数。

根据部门 / 团队考核结果可以确定部门 / 团队的绩效系数，当然，只有前期制定和执行了组织绩效的企业，才能得到组织绩效结果，进而得到绩效系数。

第二步：确定部门 / 团队的年终奖总额。

某部门 / 团队的年终奖总额 = 企业年终奖总额 ×（部门绩效系数 × 部门所有员工的基本工资之和）/ ∑（部门绩效系数 × 部门所有员工的基本工资之和）。

有的公司绩效薪酬制度比较完善，根据员工岗位设置了员工年度绩效奖金基数，那么以上公式中的基本工资，也可以改为该基数。

举例说明：

某企业年终奖总额为 12 万元，各部门年度绩效分数与绩效系数关系如表 8.4 所示。

表 8.4　某企业各部门年度绩效分数与绩效系数关系

部　门	年度绩效分数	年度绩效系数
市场部	90	1.1
人事行政部	85	1.0
财务部	95	1.2
客服部	70	0.8

各部门员工基本工资如表 8.5 所示。

表 8.5　某企业各部门员工基本工资

部　门	员　工	基本工资（元）
市场部	王星	5000
	李丽	4000

续表

部　　门	员　　工	基本工资（元）
市场部	邢聪聪	4000
	程乐	5000
人事行政部	崔玉梅	4500
财务部	王洁	4600
	陈青青	3200
客服部	刘杰	4300
	王晓霞	2600
	刘宁	3000

可知，市场部年终奖总额 =120 000 × 1.1 ×（5000+4000+4000+5000）/[1.1 ×（5000+4000+4000+5000）+1.0 × 4500+1.2 ×（4600+3200）+0.8 ×（4300+2600+3000）]=57 143 元。

（3）根据个人年内工作时间、岗位和个人绩效确定个人年终奖。

一般来说，企业会明确入职在几个月以上的员工才享受年终奖，未达到标准的员工数据不计入公式计算。岗位的因素用基本工资或年度绩效工资基数来确定。

第一步：确定个人年度绩效系数。

根据个人考核结果确定个人年度绩效系数。年度绩效结果可以根据当年月度或季度的绩效结果平均值计算，也可以加入年底综合评定等。只有前期制定和执行了员工绩效管理的企业才能得到绩效结果，进而得到绩效系数。

第二步：根据部门 / 团队年终奖总额和个人年度绩效系数计算个人年终奖。

员工个人年终奖 = 部门年终奖总额 ×（员工基本工资 × 年度绩效系数）/ ∑（部门所有员工的基本工资 × 个人年度绩效系数）。

以上个例子中的市场部为例，其员工绩效分数与绩效系数如表 8.6 所示。

表 8.6　某企业市场部员工绩效分数与绩效系数

员　　工	年度绩效分数	年度绩效系数
王星	96	1.2
李丽	88	0.9
邢聪聪	105	1.3
程乐	74	0.8

可知，王星年终奖金 =57 143×（5000×1.2）/[（5000×1.2+4000×0.9+4000×1.3+5000×0.8）]=18 237 元。

有的企业不考虑部门 / 团队绩效，建议其加入这一步，但如果绩效管理未做这一层面，也可以在确定年终奖总额后，直接得到员工个人年终奖。具体计算方法如下。

员工个人年终奖 = 企业年终奖总额 ×（员工基本工资 × 本人年度考核系数）/∑（企业所有员工基本工资 × 个人年度绩效系数）。

2. 开放式年终奖分配

开放式年终奖分配方式不计算年终奖总额，其他步骤与封闭式相似。

（1）根据部门 / 团队绩效确定部门 / 团队的年终奖绩效系数。

（2）根据个人年内工作时间、岗位和个人绩效确定个人年终奖。

员工个人年终奖 = 员工基本工资（或者年度绩效工资基数）× 部门 / 团队绩效系数 × 个人绩效系数。

同样的，如果没有组织绩效这个层面，就直接做个人年终奖，公式简化为：员工个人年终奖 = 员工基本工资（或者年度绩效工资基数）× 个人绩效系数。

但以上的计算方法没有考虑企业的年度经营情况，如果将企业的年度经营情况考虑进去，公式如下。

员工个人年终奖 = 员工基本工资（或者年度绩效工资基数）× 公司经营系数 × 部门 / 团队绩效系数 × 个人绩效系数。

或者，员工个人年终奖 = 员工基本工资（或者年度绩效工资基数）× 公司经营系数 × 个人绩效系数。

举例说明：

Z 企业年度经营情况很好，公司决定按照平均三个月的工资发放年终奖，这时，可以将公司经营系数设为 3.0。人力资源部年度绩效系数为 1.1，人力资源部薪酬专员小王的年度绩效系数为 0.9，基本工资为 5000 元。小王的个人年终奖为：5000×3.0×1.1×0.9=14 850 元。

8.2.2 年终奖利润分享计算方法

1. 利润分享对象

利润分享的对象一般是业务人员，或者是项目人员，也有可能是某个业务单元、事业部、分公司、子公司等的人员。

2. 利润分享操作步骤

（1）年初时确定利润分享方案。确定利润或利润率的目标值，以及达到目标后的计提比例。计提比例可以是固定的，也可以是累进的。

（2）年底根据实际完成值，对应年初制定的方案，形成年终奖总额。

（3）根据员工的当年工作时间、岗位、绩效等进行分配。

【案例】某集团公司下属子公司利润分享方案

第一条　宗旨

利润分享旨在将经营者和核心骨干员工与子公司的利益紧密结合，真正做到经营者与企业风险公担、利益共享。

第二条　分享资格

以年度利润率作为子公司是否具有分享资格的考核指标。年度利润率低于 3% 的子公司不享受利润分享。若某一年度经营环境发生变化，集团可根据实际情况调整该数值。在某一年度结束后，由集团财务部确认子公司是否具有利润分享资格。

第三条　分享额度

按照公司当年度利润率情况，形成年终奖金池。具体如表 8.7 所示。

表 8.7　年度利润率与对应计提比例

年度利润率	计 提 比 例
3%（含）以下	0
3%～5%（含）	6%
5%～10%（含）	8%
10%～15%（含）	10%
15% 以上	15%

年终奖金池金额 = 本年度利润额 × 计提比例。

年终奖金池金额即本年度利润分享的奖金总额。

第四条　奖金分配

在奖金池金额确定后，其具体分配由公司自行制定方案。在制定方案时，应综合考虑激励对象个人所担任岗位的重要性和个人绩效评估结果，公平合理地分配激励奖金。具体方案经子公司总经理、集团人力资源部审批通过后执行。

第五条　奖金兑现

利润分享奖金于次年第一季度发放奖金额度的 50%，次年年中发放奖金额度的剩余 50%。如果员工在奖金兑现前离职，则视同放弃奖金。

8.3 如何设计年终奖励方案

除了年终奖，很多企业还会评选优秀员工、优秀团队、销售明星等，这都可以归类为年终奖励。年终奖励一般会在企业年会上颁发，是对当年的总结和对下一年度的鼓励，具有仪式感、荣誉感。通过这种方式，可以让得到奖励的员工体会到企业的重视，也可以对其他员工产生一种榜样的激励作用。年终奖励既考虑到物质激励，又考虑到精神激励，是一种很好的激励方式。

8.3.1 年终奖项的设置

对于当年对企业做出重要贡献的行为，如技术的重大改进、管理的重大改进、销售的重大突破等，可以设置单项奖励，如优秀员工奖、优秀管理干部奖、优秀团队奖、优秀新人奖、销售明星奖、技术革新奖等。

年终奖励的奖品设置，可以采用多种形式。除了金钱，还可以是旅游、实物等。

需要注意的是，对于所确定的奖项要确定好评价标准。另外，对于参选范围、人数或比例是多少，奖励是什么或奖励金额是多少都要非常明确。

8.3.2 评选与颁发

首先，要确定评选小组，评选小组中要有高层领导、人力资源部、各部门负责人；其次，在评选前，评选的整个流程（评选时间、地点、规则、相关表格等）要详细制定，从而便于操作。

大部分企业的年终奖励会在全员年度总结会或年会表演前，由企业高层领导颁发。同样，整个颁发流程（先后顺序、颁发人、颁发形式等）需要提前详细制定。

8.3.3 【案例】年终奖励方案设计

一般来说，人力资源经理需要提前两个月制定出年终奖励方案，以便留出充足的操作时间。以下是某企业的年度评优和奖励方案。

为表彰2016年在工作中有突出表现的人员和团队，公司决定开展年度“优秀员工”“优秀干部”“优秀团队”评选活动。

一、评优奖项

评优奖项如表 8.8 所示。

表 8.8 评优奖项

奖　　项	范　　围	总数（人）	获奖数量（个）	奖励金额（元）
优秀员工	员工	674	40	3000
	主管	106		
优秀干部	经理	67	25	10 000
	总监	36		
优秀团队	优秀干部管理的三级部门及三级以上部门		8	20 000

二、评优范围

1. 优秀员工：2016 年 4 月 1 日前入职的，公司主管级别及以下员工。

2. 优秀干部：2016 年 4 月 1 日前入职的，公司主管级别以上员工。

3. 优秀团队：优秀干部管理的三级部门及三级以上部门。

三、评优条件

1. 优秀员工

（1）年度绩效考核等级为“优秀”，工作业绩显著，出色完成任务和目标。

（2）执行力、责任感强，能落实上级布置的工作，并且主动反馈。

（3）敢于向上级提出不同意见和想法，同事需帮助时能主动提供。

（4）《企业文化规定》执行良好。

（5）严格遵守公司各种规章制度，年度内无重大违纪行为。

2. 优秀干部

（1）年度绩效考核等级为“优秀”，工作业绩显著，出色完成任务和目标。

（2）责任感、使命感强，敢于决策、勇于担当，管理团队以身作则，起表率带头作用，积极培训、辅导下属。

（3）善于解决问题、追求效率，不断改进工作方法。

（4）深刻理解《企业文化规定》和《干部管理规定》，执行良好。

3. 优秀团队

（1）团队业绩优秀，出色完成任务和目标。

（2）团队职责清晰、分工明确，不断完善制度、流程建设。

（3）主动与其他部门合作，沟通顺畅、反应灵敏。

（4）部门积极学习、实践理性、开放、创新、分享的企业文化。

（5）部门员工年度内无重大违纪行为。

四、评优组织

1. 评选委员会：董事长、总经理、各分管高管。

2. 候选人推荐：各事业部、职能部门负责人。

3. 评选活动组织：人力资源部。

五、评优标准及程序

1. 评优标准

评优标准如表 8.9 所示。

表 8.9　评优标准

奖　项	绩　效	企业文化	组织协同
优秀员工	60%	40%	—
优秀干部	50%	30%	20%

2. 评优流程

（1）推荐环节（2016 年 12 月 20 日之前完成）。

- 各事业部 / 职能部门负责人根据评优基本条件，确定推荐名单；并对被推荐人的企业文化进行评价，参与优秀干部评选的，需填报内部沟通部门。
- 各事业部 / 职能部门负责人将推荐表发给人力资源部。

（2）评审环节（2017 年 1 月 1 日之前完成）。

- 人力资源部组织内部沟通部门开展组织协同评价。
- 评选委员会对人力资源中心汇总的评优结果进行研讨及评审，确定获奖个人及团队。

（3）审批环节（2017 年 1 月 10 日之前完成）。

- 人力资源部将评审通过的个人及团队名单反馈给事业部和职能部门负责人，根据反馈意见进行调整。
- 报公司审批并确定最终年度评优结果。

3. 颁奖流程

颁奖环节在年会中设置，具体见年会流程。

第 9 章 津贴与福利设计

在薪酬体系里，津贴与福利虽然不是最主要的部分，但良好的津贴与福利设计能够提升员工的满意度，提升企业在员工和公众心目中的形象。近年来，越来越多的企业开始重视对这两项的设计了。

9.1 津贴设计

津贴属于薪酬的辅助形式。津贴是企业对劳动者付出的劳动给予的一种额外补偿，一般是指补偿劳动者在特殊条件下的劳动消耗及生活所需额外支出的工资补充形式。比如，矿山井下津贴、高温津贴、野外工作津贴、林区津贴、工程流动施工津贴、保健津贴、医疗卫生津贴等。良好的津贴设计有利于吸引劳动者到工作环境脏、苦、险、累的岗位上工作。

9.1.1 津贴分类

津贴的种类项目很多，对于津贴的设计，必须要考虑津贴的适用范围。有些津贴适用于全体员工；有些津贴只适用于某些岗位或工种；有些津贴的补偿标准在级别上有所差异。

常见的津贴分类有以下两种。

1. 国家或地区统一制定的津贴与企业自行制定的津贴

对于国家或地区统一制定的津贴，各地 HR 可以参照国家或各地标准执行。比如，特种作业津贴、高温津贴等。企业也可以根据自身情况制定符合企业实际的津贴。

2. 功能性津贴

企业在设计津贴的时候，应考虑其功能性。比如，夜班津贴是针对上夜班的员工在特殊劳动时间下的补偿；技师津贴、技术津贴等，则是针对技能、技术岗位的员工在获得某项职称后的补助。

9.1.2 津贴设计的原则和标准

企业应根据自身的实际情况和岗位的具体情况设置津贴项目。比如，有些企业的薪酬水平偏低，就想通过设置津贴项目的形式提高薪酬水平，然而，这种为了“多发钱”而设置的津贴，实际已经失去了设置津贴的意义。一旦企业进行薪酬改革，将薪酬提升到合理水平，这种不合理的津贴设计所导致的问题就会凸显，甚至可能会给企业造成沉重的负担，变成薪酬改革的绊脚石。

一般来说，津贴有两种形式。一种形式是绝对金额，这种形式可以按照岗位或级别进行细分。如高温津贴，可以根据岗位实际工作环境对津贴标准进行细分。另一种形式是按照员工个人工资（一般是基本工资）的一定比例确定。

针对员工在特殊条件下的劳动繁重程度和劳动环境的危害程度等，津贴的金额设置也应有所不同。劳动强度越大，对身体危害越严重的岗位，其津贴标准也应越高。

9.2 福利设计

福利属于薪酬中的间接报酬，主要包括健康保险、带薪假期、过年过节礼品、退休金等。福利一般分为法定福利和补充福利，如图 9.1 所示。

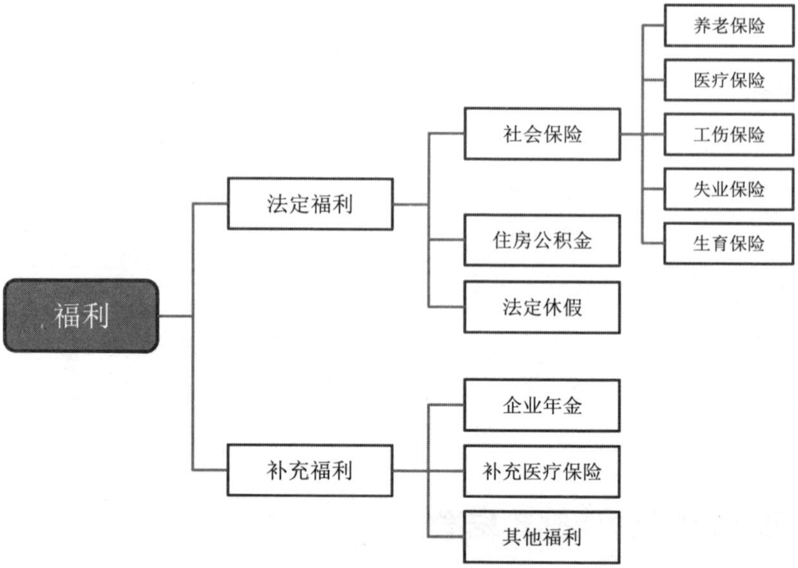

图 9.1 福利构成

9.2.1 法定福利

法定福利是政府要求企业为雇员提供的一系列保障计划，由企业和雇员分别按工资收入的一定比例缴纳社会保障税，其目的在于降低因工作受重伤或失业的劳动者陷入贫困的可能性，保障其被赡养人的生活，以及维持退休人员的收入水平。

1. 社会保险

（1）养老保险。

养老保险是指劳动者在达到法定退休年龄并办理退休手续后，从政府和社会得到一定的经济补偿、物质帮助和服务的一项社会保险制度。

职工按月领取养老金必须满足以下条件：达到法定退休年龄，并且已经办理了退休手续；所在单位和个人依法参加了养老保险并履行了养老保险的缴费义务；个人缴费至少满 15 年。

目前，我国的企业职工法定退休年龄为：男职工 60 周岁；从事管理和科研工作的女干部 55 周岁，女职工 50 周岁。

基本养老金由基础养老金和个人账户养老金组成，职工达到法定退休年龄且个人缴费满 15 年的，基础养老金月标准为省（自治区、直辖市）或市（地）上年度职工月平均工资的 20%。个人账户养老金由个人账户基金支付，月发放标准根据本人账户储存额除以 120。个人账户基金用完后，将由社会统筹基金支付。

（2）医疗保险。

医疗保险一般指基本医疗保险，是为了补偿劳动者因疾病风险造成的经济损失而建立的一项社会保险制度。基本医疗保险基金由统筹基金和个人账户构成。职工个人缴纳的基本医疗保险费全部计入个人账户；用人单位缴纳的基本医疗保险费分为两部分，一部分划入个人账户，一部分用于建立统筹基金。需要注意的是，职工因病产生的基本医疗保险起付标准以上、最高支付限额以下符合规定的医疗费，个人也要按规定负担一定比例的费用。

个人账户资金主要用于支付参保人员在定点医疗机构和定点零售药店就医、购药的费用。个人账户资金用完或不足的部分，由参保人员用现金支付；个人账户可以结转使用和依法继承。参保职工因病住院应先自付住院的起付额，再进入统筹基金和职工个人共付阶段。

参加基本医疗保险的单位和个人必须同时参加大额医疗保险，并按规定按时、足额缴纳基本医疗保险费和大额医疗保险费，才能享受医疗保险的相关待遇。

（3）工伤保险。

工伤保险是指劳动者在工作中或在规定的特殊情况下，遭受意外伤害或患职业病导致暂时或永久丧失劳动能力以及死亡时，劳动者或其遗属从国家和社会获得物质帮助的一项社会保险制度。

工伤保险费必须由用人单位缴纳，对于工伤事故发生率较高的行业，工伤保险费的征收费率高于一般标准。这种做法一方面是为了保障这些行业的职工在发生工伤时，工伤保险基金可以足额支付工伤职工因工伤所产生的医疗费用；另一方面是通过高费率征收，使企业有风险意识，加强工伤预防工作，从而降低伤亡事故率。

（4）失业保险。

失业保险是国家通过立法强制实行的，是一项由社会集中建立基金，对因失业而暂时中断生活来源的劳动者提供物质帮助的社会保险制度。

当前中国失业保险参保职工的范围：在岗职工；停薪留职、请长假、外借外聘、内退等在册不在岗职工；进入再就业服务中心的下岗职工；其他与本单位建立劳动关系的职工（包括建立劳动关系的临时工和农村用工）。

城镇企、事业单位失业人员按照有关规定具备以下条件的可享受失业保险待遇：按照规定参加失业保险，所在单位和本人已按照规定履行缴费义务满 1 年的；不是因本人意愿中断就业的；已经办理失业登记，并有求职要求的。

（5）生育保险。

生育保险是指在职女性因生育子女而暂时中断工作、失去正常收入来源时，由国家或社会提供医疗服务、生育津贴和产假的一项社会保险制度。

我国生育保险待遇主要包括生育津贴和生育医疗服务两项内容。生育保险基金由用人单位缴纳的生育保险费及其利息和滞纳金组成。女职工产假期间的生育津贴、生育产生的医疗费用、职工计划生育手术费用及国家规定的与生育保险有关的其他费用都应该从生育保险基金中支出。

享受生育保险待遇的职工必须符合以下条件：用人单位参加生育保险在6个月以上，并按时足额缴纳了生育保险费；按照计划生育政策有关规定生育或流产的；在本市城镇生育保险定点医疗服务机构，或经批准转入有产科医疗服务机构生产或流产的（包括自然流产和人工流产）。

2. 住房公积金

住房公积金是指政府机关、国有企业、城镇集体企业、外商投资企业、城镇私营企业及其他城镇企业、事业单位、民办非企业单位、社会团体及其在职职工缴存的，用于住房购买、建造、翻建、大修及法律规定的其他用途的长期义务性住房储金。住房公积金必须存入住房公积金管理中心在受委托银行开设的专户内，实行专户管理。职工只有在离退休、死亡、完全丧失劳动能力并与单位终止劳动关系或户口迁出原居住城市时，才可提取本人账户内的住房公积金。

从2017年7月1日起，全国所有住房公积金管理中心按照住建部发布的《全国住房公积金异地转移接续业务操作规程》要求，通过平台办理住房公积金异地转移接续业务。全国所有住房公积金管理中心实现“联网”，通过统一的平台办理住房公积金异地转移接续业务。

3. 法定休假

法定节假日是指根据各国、各民族的风俗习惯或纪念要求，由国家法律统一规定的用以进行庆祝及度假的休息时间。

我国全体公民放假的节日：

（1）新年，放假1天（1月1日）；

（2）春节，放假3天（农历正月初一、初二、初三）；

（3）清明节，放假1天（农历清明当日）；

（4）劳动节，放假1天（5月1日）；

（5）端午节，放假1天（农历端午当日）；

（6）中秋节，放假1天（农历中秋当日）；

（7）国庆节，放假3天（10月1日、2日、3日）。

我国部分公民放假的节日及纪念日：

（1）妇女节（3月8日），妇女放假半天；

（2）青年节（5月4日），14周岁以上的青年放假半天；

（3）儿童节（6月1日），不满14周岁的少年儿童放假1天；

（4）中国人民解放军建军纪念日（8月1日），现役军人放假半天。

需要注意的是：全体公民放假的假日，如果适逢星期六、星期日，应当在工作日补假。部分公民放假的假日，如果适逢星期六、星期日，则不补假。

9.2.2　补充福利

补充福利是指除了国家法定的基本福利，由企业根据自身情况制定的福利项目。这部分福利种类繁多，以下介绍几种我国企业中较为常见的、重要的补充福利。

1. 企业年金

企业年金是指企业及其职工在依法参加基本养老保险的基础上建立的享受国家税优政策支持的养老保障计划。企业年金是对国家基本养老保险制度的重要补充。

企业年金的各项要求在《企业年金试行办法》中已有明确的规定。该试行办法自2004年5月起施行。

《企业年金试行办法》第七条、第八条、第十条、第十二条、第十三条、第十四条的内容如下。

第七条　企业年金所需费用由企业和职工个人共同缴纳。企业缴费的列支渠道按国家有关规定执行；职工个人缴费可以由企业从职工个人工资中代扣。

第八条　企业缴费每年不超过本企业上年度职工工资总额的十二分之一。企业和职工个人缴费合计一般不超过本企业上年度职工工资总额的六分之一。

第十条　企业年金基金实行完全积累，采用个人账户方式进行管理。

企业年金基金可以按照国家规定投资运营。企业年金基金投资运营收益并入企业年金基金。

第十二条　职工在达到国家规定的退休年龄时，可以从本人企业年金个人账户中一次或定期领取企业年金。职工未达到国家规定的退休年龄的，不得从个人账户中提前提取资金。

出境定居人员的企业年金个人账户资金，可根据本人要求一次性支付给本人。

第十三条　职工变动工作单位时，企业年金个人账户资金可以随同转移。职工升学、参军、失业期间或新就业单位没有实行企业年金制度的，其企业年金个人账户可由原管理机构继续管理。

第十四条　职工或退休人员死亡后，其企业年金个人账户余额由其指定的受益人或法定继承人一次性领取。

企业 HR 在制订企业年金方案时，应注意九方面的内容，这些内容在《企业年金试行办法》有明确的规定。

《企业年金试行办法》第五条的内容如下。

第五条　企业年金方案应当包括以下内容：

（一）参加人员范围；

（二）资金筹集方式；

（三）职工企业年金个人账户管理方式；

（四）基金管理方式；

（五）计发办法和支付方式；

（六）支付企业年金待遇的条件；

（七）组织管理和监督方式；

（八）中止缴费的条件；

（九）双方约定的其他事项。

需要注意的是，企业年金方案只适用于在企业试用期满并继续在该企业工作的职工。

2. 补充医疗保险

补充医疗保险是相对于社会保险中的基本医疗保险而言的，它是基本医疗保险的补充保险，其目的是为了提高保险水平。

补充医疗保险的形式包括商业医疗保险机构举办、社会医疗保险机构经办和大集团大企业自办。

按规定参加各项社会保险并按时足额缴纳社会保险费的企业，可自主决定是否建立补充医疗保险制度。对于补充医疗保险费在工资总额 5% 以内的部分，企业可直接从成本中列支。

企业补充医疗保险资金由企业或行业集中使用和管理，并由企业或行业单独建账、单独管理，不得划入基本医疗保险个人账户，也不得另行建立个人账户或变相用于职工其他方面的开支。

目前，不少中小企业为了吸引人才，提高员工满意度，也开始为员工提供补充医疗保险。其中，采用较多的是商业型补充医疗保险。大体来讲，商业型补充医疗保险有以下 5 种形式。

（1）普通医疗保险。

普通医疗保险是保险责任最广泛的险种，负责被保险人因疾病和意外伤害支出的门诊医疗费和住院医疗费。普通医疗保险一般采用团体方式承保，或者作为个人长期寿险的附加责任承保；一般采用补偿方式给付医疗保险金，并规定了每次的最高限额。

（2）意外伤害医疗保险。

意外伤害医疗保险负责被保险人因遭受意外伤害支出的医疗费，作为意外伤害保险的附加责任。该险种一般采用补偿方式给付医疗保险金，不但规定了保险金额即给付限额，还规定了治疗期限。如果企业为员工提供班车，或者定期组织开展户外活动，建议为员工购买该险种，以便有备无患。

（3）住院医疗保险。

住院医疗保险负责被保险人因疾病或意外伤害需要住院治疗时支出的医疗费，既可以采用补偿给付方式，也可以采用定额给付方式。

（4）手术医疗保险。

手术医疗保险属于单项医疗保险，只负责被保险人因施行手术而支出的医疗费，包括门诊手术治疗和住院手术治疗。手术医疗保险既可以单独承保，也可以作为意外保险或人寿保险的附加险承保。

（5）特种疾病保险。

特种疾病保险是以被保险人患特定疾病为保险事故。当被保险人被确诊为患某种特定疾病时，承保人按约定的金额给付被保险人保险金，以满足被保险人的经济需要。一份特种疾病保险的保单可以仅承保某一种特定疾病，也可以承保若干种特定疾病。

3. 其他福利

除了上述两种补充福利，企业常见的补充福利基本上是围绕衣、食、住、行而设置的。

（1）衣：有些企业基于统一职业化形象的需求，会为员工置办工装。其中，有的企业是免费提供工装给员工的；有的企业是员工购买工装并为企业服务一定工作年限后再进行报销的。

（2）食：当员工人数较多时，企业一般会向员工提供员工餐福利，主要解决的是午餐。有的企业也会提供早餐、晚餐，甚至一些经常加班的互联网公司，还会为员工提供丰盛的夜宵、零食等。另外，有的企业会配置食堂或将餐饮外包给餐饮机构，统一提供配餐。

（3）住：在很多一、二线城市，高昂的房价常常阻碍了年轻人的发展。尤其是一些刚毕业的大学生，其到手的薪酬在支付房租后所剩无几。所以，企业提供住房福利，对年轻人是非常有吸引力的。住房福利一般包括免费单身宿舍、夜班宿舍、租房补贴、购房补贴、购房低息贷款等。目前，在一些一线城市，有些企业会选择和公寓平台合作，让员工能够以很优惠的价格自行选择居住地（一般离企业不远）租住，这也是一种很好的住房福利。

（4）行：主要包括市内交通补贴、免费班车等。对于选址较为偏僻的企业来说，上班路程远对招聘和保留人才较为不利，设置免费班车会起到吸引和保留人才的作用。目前，在一些一、二线城市，一些企业会选择和打车平台合作，如滴滴打车，通过内部拼车或长期购置发放滴滴优惠券解决员工上下班的交通问题。

除了衣食住行外，很多企业会在“节假日”的福利上精心设计，希望塑造一个充满人文关怀的企业氛围。

（1）节日：大多数企业在春节、中秋节和端午节都会发放节日福利。有些企业在“三八妇女节”向女性员工发放节日福利，在“六一儿童节”向有子女的员工发放节日福利。福利的形式可以是现金红包、实物或购物卡券等。规模较大、重视节日文化的一些企业，尤其是互联网企业，甚至会在圣诞节、万圣节、情人节、“双十一”等发放节日福利，或者举行一些庆祝活动等。关于节日福利，企业可以根据自身的情况、企业文化和预算等自主设置。

（2）生日：很多企业都会在员工生日时发放生日福利。有的企业除了发放生日福利，还会以月为单位举行生日会等，目的都是为了让员工体会到企业文化的人性化关怀。

此外，常见的福利还有文体活动、教育培训和旅游福利，这些对提升企业凝聚力、促进团队建设很有益处。其中，教育培训福利，如企业外部公费进修、免费脱产培训等福利可以鼓励员工不断地提升自身能力。

一些有实力的企业还会为员工提供咖啡间、午睡室、母婴室等设施福利，还有些企业会提供服务性福利，如肩颈按摩、健康咨询、心理援助等。

9.2.3 福利的设计原则

企业福利的设计，一般来说是企业全员享受且普惠的，如员工生日慰问、工作餐等。企业也可以制定其核心人才的福利，让核心人才感受到被重视，以达到吸引、保留核心人才的目的。同时，也让基层员工更有动力向上发展，以获得更高级别的福利。

针对核心人才的福利，可以设置更高级别的补充医疗保险、体检套餐、交通补贴、通讯补贴等。

在福利的设计上，企业既要考虑对全体员工的普惠性，体现公平性，也要考虑对核心人才的倾斜，同时还要考虑对福利的成本预算。

在完成福利设计之后的实施环节，HR也应用心对待。比如，在发放节日福利、员工生日慰问时，应营造和谐轻松的氛围，或者设计一些小活动。总之，让员工感受到温暖和祝福，才是最终目的。

9.2.4 【案例】福利设计案例

某公司福利制度如下。

一、总则

为吸引和保留优秀人才，规范公司福利管理制度，加强员工归属感，形成良好的企业凝聚力，特制定本福利制度。

二、福利对象

本制度适用于公司所有正式员工。

三、管理机构

人力资源部是公司员工福利管理的责任机构，具有以下职责。

1. 负责公司员工福利管理制度的制定、福利计划的设计与更新。
2. 负责社会保险和住房公积金的申报、缴纳、转移等工作。
3. 福利物品的购买及发放。
4. 员工活动的组织及安排。
5. 负责商业保险的赔付工作。

四、福利项目

（一）法定福利

1. 社会保险

（1）社会保险的项目包括养老保险、医疗保险、失业保险、工伤保险、生育保险五种保险。

（2）社会保险缴费基数为员工个人缴费基数，为本人上年度月平均工资收入。

社会保险缴费基数上限按照××市上一年度职工月平均工资的300%确定。社会保险缴费基数的下限：基本养老保险、失业保险按照××市上一年度职工月平均工资的40%确定；基本医疗保险、工伤保险和生育保险按照××市上一年度职工月平均工资的60%确定。

（3）各项社会保险缴费比例如表 9.1 所示。

表 9.1　社会保险缴费比例（以北京市 2018 年 7 月到 2019 年 6 月为例）

险种 缴费比例	养老保险	医疗保险	失业保险	工伤保险	生育保险
单位	19%	10%	0.8%	0.2%～1.9%	0.8%
个人	8%	2%+3 元	0.2%（城镇户籍） 不缴（农村户籍）	不缴	不缴

员工个人缴纳各项社会保险金额 = 缴费基数 × 缴费比例。

2. 住房公积金

公司依法为员工缴纳住房公积金，以北京为例，单位和员工个人缴纳比例均为 5%～12%。住房公积金个人缴费部分，由公司履行代扣代缴义务。

3. 法定休假

按照国家规定执行。

（二）补充福利

1. 意外伤害保险

（1）意外伤害保险：包括员工意外受伤医疗保险金、意外身故保险金、意外残疾保险金。

（2）意外伤害保险标准和范围：员工个人不缴费，每年由公司统一购买和确定标准。参保对象为公司全体员工。

（3）意外保险待遇及申报流程：员工因意外遭受伤害，需在规定时间内向人力资源部报告和提供相应资料，按照意外医疗保险规定的待遇标准，依据伤害程度享受相应的意外医疗、意外伤残、意外身故保险金。

（4）如果员工离职，则从离职日起取消该员工的意外保险待遇。

2. 企业年金计划

（1）企业年金内容：员工在达到法定退休年龄并办理退休手续后，企业按月提供一定的退休收入保障。

（2）企业年金对象：入职满三年的在岗员工。

（3）缴存标准：按照《某公司企业年金办法（试行）》进行计提，由公司负担，员工个人不缴费。

（4）企业年金计划待遇：员工在达到退休年龄并办理退休手续后，按月享受企业补充养老保险待遇。具体标准按照《某公司企业年金办法（试行）》执行。

（5）如果员工提出离职，则终止企业补充养老保险关系。

（6）上年度绩效考核“不合格”的人员，次年 1 月停止缴存。

（三）津贴补贴

1. 交通补贴

员工交通补贴根据职级确定，具体如表 9.2 所示。

表 9.2 交通补贴标准

职 级	交通补贴标准
副总裁、总监级	800 元 / 月
主管、经理级	500 元 / 月
员工、助理级	200 元 / 月

交通补贴随每月工资一同发放。

2. 通讯补贴

员工通讯补贴根据职级确定，如表 9.3 所示。

表 9.3 通讯补贴标准

职 级	通讯补贴标准
副总裁、总监级	500 元 / 月
主管、经理级	200 元 / 月
员工、助理级	100 元 / 月

通讯补贴随每月工资一同发放。

（四）其他福利

1. 节日福利

（1）在劳动节、国庆节、春节、清明节，公司给予员工 100～1000 元的节日补贴，随当月的工资一同发放。

（2）在端午节，公司给每位员工发放粽子，在中秋节，公司给每位员工发放月饼和水果。

（3）在妇女节，公司为全体女职工发放纪念品。

2. 生日福利

当员工过生日时，公司给员工送生日蛋糕表示祝福。

3. 婚育福利

当公司员工结婚、生育时，公司按照员工职位等级给予员工一定金额的红包。

（1）结婚红包标准如表 9.4 所示。

表 9.4　结婚红包标准

职　级	1～2	3～4	5～6	7～8	9～10	11～12
红包金额	200 元	300 元	500 元	800 元	1200 元	1600 元

（2）生育红包标准如表 9.5 所示。

表 9.5　生育红包标准

职　级	1～2	3～4	5～6	7～8	9～10	11～12
红包金额	300 元	500 元	800 元	1200 元	1600 元	2000 元

4. 文化福利

（1）文体活动福利：公司为促进员工身心健康，丰富员工业余生活，增进员工对公司文化的认同感，会不定期地组织各种文体团建活动。

（2）旅游福利：公司每年组织员工旅游活动。

5. 健康福利

公司每年组织一次员工体检。

五、附则

1. 本福利制度由公司人力资源部起草制定。

2. 本福利制度自 20×× 年 ×× 月 ×× 日起实施，最终解释权归公司人力资源部。

第三篇

日常薪酬管理

第 10 章 日常薪酬核算与发放

随着 IT 技术、人工智能的发展，越来越多的公司开始使用计算机系统、云计算等来代替人工进行员工薪酬核算。但从目前的状况来看，计算机代替的只是其中的一部分。作为 HR 工作者，我们仍然需要搞懂日常薪酬核算与发放的相关内容，这样在使用系统或对接薪酬核算需求时，才会更加便捷。

10.1 月度工资表的计算

通过月度工资表核算薪资、发放薪资，是大多数没有使用薪酬系统的中、小型企业中薪酬专员每月的日常工作，也是 HR 应该掌握的基本功。

10.1.1 工资表项目构成

每到工资发放日，员工就会非常关注两件事：第一，银行的工资短信；第二，如果员工的工资和上个月有些许出入，他就会关注另一件事——工资条。

员工的工资条来源于工资表。工资条常常以纸版、电子邮件、OA 办公系统等形式发放给员工。工资表一般包括以下项目：工号、员工姓名、基本工资、绩效工资、各类奖金、加班工资、各类津（补）贴、社会保险代扣、住房公积金代缴、应发工资、个人所得税和实发工资等。某公司的工资条如表 10.1 所示。

表 10.1　某公司工资条

单位：元

序号	姓名	部门	岗位	基本工资	绩效工资	司龄工资	加班工资	通讯补贴	其他	应发工资	养老	医疗	失业	公积金	个税	实发工资	备注
1	刘明	研发部	研发工程师	8000	3000	300		300		11 600	714	182.5	89.25	1000	675.85	8938.4	

每个公司可以根据实际情况设计工资表的项目。虽然工资表项目繁多，但大致可以分为四类，如图 10.1 所示。

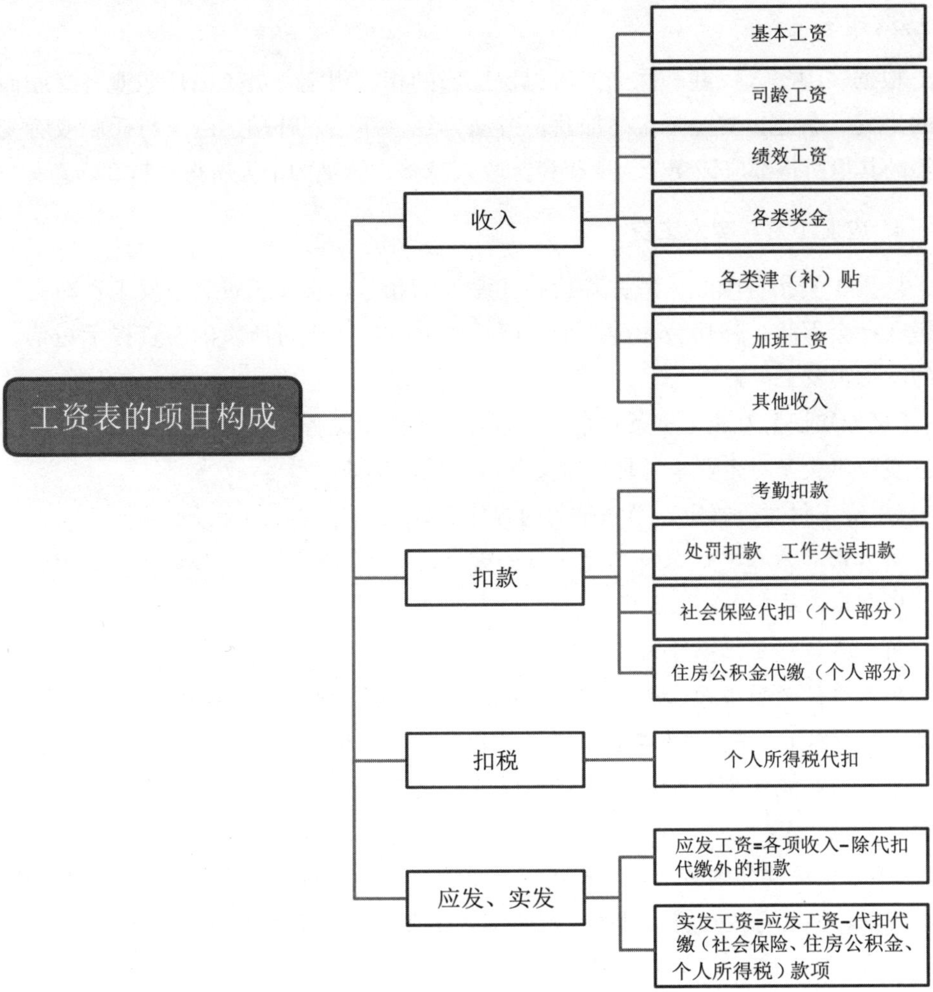

图 10.1　工资表的项目构成

1. 收入

工资表的第一部分为月收入，包括各类工资、奖金、津（补）贴等。收入中第一项一般是基本工资（底薪），这部分相对稳定，与考勤挂钩。之后的项目根据企业的不同情况，会有较大的差异，一般包括司龄工资、绩效工资、奖金、加班工资等。此外，有些公司还会设置全勤奖、交通 / 通讯 / 午餐补助、特殊津（补）贴等。

2. 扣款

扣款项目一般分为两种：一是由于员工个人考勤、工作失误等原因造成的扣款；二是社会保险、住房公积金等的代扣代缴款项。

3. 扣税

根据《中华人民共和国个人所得税法》的相关规定，员工因任职或者受雇而取得的工资、薪金、奖金、年终加薪、劳动分红、津贴、补贴，以及与任职或者受雇有关的其他所得都应该交个人所得税。收入越多，缴纳的个人所得税越高。

4. 应发工资与实发工资

应发工资指各项收入减去除代扣代缴外的扣款，实发工资为应发工资减去代扣代缴（社会保险、住房公积金、个人所得税）款项。银行所发的工资提示短信，显示的就是实发工资。

【延伸知识】发放工资条对企业来说是否为法定义务

发放工资条对企业来说是法定义务，这是肯定的。

《工资支付暂行规定》第六条的内容如下。

第六条　用人单位应将工资支付给劳动者本人。劳动者本人因故不能领取工资时，可由其亲属或委托他人代领。

用人单位可委托银行代发工资。

用人单位必须书面记录支付劳动者工资的数额、时间、领取者的姓名以及签字，并保存两年以上备查。用人单位在支付工资时应向劳动者提供一份其个人的工资清单。

工资条是企业支付给员工工资的凭证，是企业发给员工工资的明细，以便员工了解自己的收入。

《中华人民共和国劳动法》规定，员工对于企业制订的工资分配方案享有知情权和监督权。员工有权知道自己的工资明细，企业不提供工资条是一种侵权行为。

10.1.2 基本工资的计算方法

基本工资是根据员工所在岗位、过往经验、能力等来核定的薪酬项目。在宽带薪酬制广泛应用的今天，即使是同一岗位的工资，也可能再细化并分为不同的等级。员工的基本工资可根据出勤情况来计算。

计算公式：应发基本工资 = 基本工资 /（应出勤天数 + 法定节假日天数）×（实际出勤天数 + 法定节假日天数）。

举个例子：某员工基本工资为 5000 元，5 月份有 21 个工作日，5 月 1 日为法定节假日，该员工缺勤 1 天，出勤 20 天，其本月基本工资是多少呢？

计算方法：5000/（21+1）×（20+1）=4772.73 元。

需要说明的是，在劳动和社会保障部发布的《关于职工全年月平均工作时间和工资折算问题的通知》（劳社部发〔2008〕3 号）中明确指出，21.75 天为月计薪天数。它的计算方法为：一年按 365 天计算，减去 104 天（52 个星期，每星期休息 2 天），再除以 12，即（365-52×2）/12=21.75 天。

【思考】为什么不能直接用 21.75 天计算基本工资

分析：21.75 天是由 12 个月总天数平均计算得来的，而在日常核算中，我们不会以这个数字来计算。因为每个月的当月计薪天数并不是 21.75 天。

以 2017 年 11 月为例，某员工基本工资为 5000 元，当月满勤（实际出勤 22 天），如果按 21.75 天计算，得到 5000/21.75×22=5057.41 元，其计算结果大于 5000 元。

以 2017 年 2 月为例，该员工当月满勤（实际出勤 19 天），2 月有两天法定节假日，如果按 21.75 天计算，得到 5000/21.75×（19+2）=4827.59 元。

也就是说，每个月的计薪天数都不是 21.75 天，有的月份的计薪天数比 21.75 天大，有的月份的计薪天数比 21.75 天小。如果按照这样的算法，就与员工“满勤应该拿到全部的基本工资”的理念有冲突，所以我们在实际操作中，一般不以 21.75 天为标准进行计算。

10.1.3 绩效工资 / 奖金的计算方法

绩效工资 / 奖金的算法有很多，但主要是配合绩效考核的方法。以下介绍 4 种常见的绩效工资计算方法。

1. 个人销售提成

很多企业常常采用销售提成的形式激励业务人员。员工个人的销售提成一般有两种计算方法：第一种是，销售提成 = 销售额 × 提点；第二种是，销售提成 = 回款额 × 提点。

2. 团队激励奖金

对于“团队作战”的员工来说，企业常常会以“团队”为单位核算激励奖金。这种方式适用于项目组、销售团队、研发小组等。常见的计算方法如下。

（1）项目组。

项目总奖金 = 项目销售额（利润）× 项目总分配比例。

（2）销售团队。

销售总奖金 = 团队业务销售额（回款额）× 团队总分配比例。

（3）研发小组。

研发总奖金 = 奖金额 × 项目打分 /100（项目打分根据项目完成的时间和质量来确定）。

当确定了团队总奖金后，企业常常会根据团队成员的岗位角色、贡献大小、表现情况等来确定个人的奖金。

3. 计件工资

对于生产制造型企业来说，计件工资是较为常见的绩效工资形式。计件工资按照员工生产的合格品的数量（或作业量）和预先规定的计件单价来计算，适用于生产、仓储等部门。

计件工资的计算公式为：计件工资 = 员工生产 / 包装合格品的数量（或作业量）× 计件单价；计件单价 = 员工的日（小时）工资标准 / 日（小时）产量定额。

4. 绩效工资

绩效工资一般由员工绩效工资基数和绩效考核结果综合确定。例如，某职能部门员工，工资定为 5000 元，其中 20% 为绩效工资基数，即绩效工资基数为 1000 元。某月该员工绩效考核分数为 75 分，按照公司的绩效方案，其绩效考核系数为 0.7。该员工当月绩效工资为：1000 × 0.7=700 元。

10.1.4 社保代扣代缴的计算方法

《中华人民共和国劳动法》第七十二条规定：“社会保险基金按照保险类型确定资金来源，逐步实行社会统筹。用人单位和劳动者必须依法参加社会保险，缴纳社会保险费。”从法律规定看，为员工缴纳社会保险是企业的法定义务，企业必须履行。

社会保险的主要项目包括养老保险、医疗保险、失业保险、工伤保险和生育保险。

社会保险缴纳分为两部分，一部分由企业承担，一部分由员工承担。从金额来看，企业承担的部分大于员工个人承担的部分。在实际操作中，员工个人缴纳的社会保险费用由企业每月从员工工资中代扣代缴。一般企业在核算员工工资时，会把员工个人承担的部分直接列入工资表中。

社会保险缴纳金额的公式为：社会保险月缴纳金额 = 社会保险缴费基数 × 社会保险缴费比例。

1. 社会保险缴费基数

社会保险缴费基数是以职工本人上年度工资收入总额的月平均数作为本年度月缴费基数，新进本单位的人员以职工本人起薪当月的足月工资收入作为缴费基数。

职工的上年度工资收入总额是指该职工在上一年的 1 月 1 日至 12 月 31 日整个日历年度内所取得的全部货币收入，包括计时工资、计件工资、奖金、津贴和补贴、加班工资、特殊情况下支付的工资等。

企业对社会保险缴费基数的确定需注意以下几点。

（1）单位从职工工资中直接代扣代缴的各项社会保险费、住房公积金和个人所得税等，应纳入缴费基数。

（2）单位以现金或银行转账形式支付给职工个人的交通补贴、电话补贴、午餐补贴、过节费，以及支付给高温、高空、井下、有毒有害等特殊岗位的津贴，应纳入缴费基数。

（3）单位通过税后利润提成或分红的办法支付给职工个人的工资，应纳入缴费基数。

（4）实行底薪制的职工，根据营业额或经营业绩提成所取得的收入，应纳入缴费基数。

（5）实行业务承包或费用包干，单位不再报销差旅费用的职工，其承包收入中的 60% 应纳入缴费基数。

关于社会保险缴费基数，我国相关法律条文中有上下限的规定，即最低不能低于上年度全市职工月平均工资的 60%（私营企业职工、个体工商户雇工和非本市城镇户口职工不得低于 50%，私营企业法人、股东、个体工商户业主不得低于 100%）；最高不能高于上年度全市职工月平均工资的 300%。本市职工平均工资每年由市统计局予以公布。在我国，各地政策有所差异，比如，北京的养老保险、失业保险的职工缴费基数下限就是按照本市上一年职工月平均工资的 40% 确定的。

一般来讲，社会保险缴费基数在同一缴费年度内一年一定，中途不做变更。每年 4～6 月，企业应根据其所在市社会保险经办机构的通知，申报本单位职工新一年度的社会保险缴费基数。以北京为例，《北京市人力资源和社会保障局、北京市统计局关于公布 2017 年北京市职工平均工资的通知》中明确了 2017 年度北京市职工月平均工资为 8467 元。基于此，2018 年度的各项社会保险缴费工资基数上下限就可以确定了。

2. 社会保险缴费比例

社会保险缴费比例，即社会保险费的征缴费率。《中华人民共和国社会保险法》对社会保险的征缴费率并未做出具体、明确的规定。所以，我国各地社会保险的缴费比例也有所不同。以北京市为例，其参保人员社会保险缴费比例如表 10.2 所示。

表 10.2 北京市参保人员社会保险缴费比例（2018 年 7 月到 2019 年 6 月）

<table>
<tr><th colspan="2">险 种</th><th>单位缴费比例</th><th>个人缴费比例</th><th>缴 费 基 数</th></tr>
<tr><td colspan="2">养老保险</td><td>19%</td><td>8%</td><td rowspan="3">上限是上年度本市职工月平均工资的 300%；下限是上年度本市职工月平均工资的 40%</td></tr>
<tr><td rowspan="2">失业保险</td><td>城镇户口</td><td>0.8%</td><td>0.2%</td></tr>
<tr><td>农村户口</td><td>0.8%</td><td>不缴费</td></tr>
<tr><td colspan="2">工伤保险</td><td>按行业性质确定缴费比例</td><td>不缴费</td><td rowspan="3">上限是上年度本市职工月平均工资的 300%；下限是上年度本市职工月平均工资的 60%</td></tr>
<tr><td colspan="2">生育保险</td><td>0.8%</td><td>不缴费</td></tr>
<tr><td colspan="2">医疗保险</td><td>10%</td><td>2%+3 元</td></tr>
</table>

HR 需要注意：如果企业不按照员工的真实工资进行申报，员工可以去企业所在地区的社保中心进行投诉。社保中心会要求企业在限期内补足员工应缴社会保险费的差额部分，逾期未补的企业，将由相关行政部门对其处以罚款。如果企业漏缴、不缴社会保险费，不仅会给员工进行医疗报销、工伤赔偿等带来问题，还会给其带来较大的员工关系纠纷，进而影响企业的声誉。

《中华人民共和国社会保险法》第八十三条和第八十六条的内容如下。

第八十三条　用人单位或者个人认为社会保险费征收机构的行为侵害自己合法权益的，可以依法申请行政复议或者提起行政诉讼。

用人单位或者个人对社会保险经办机构不依法办理社会保险登记、核定社会保险费、支付社会保险待遇、办理社会保险转移接续手续或者侵害其他社会保险权益的行为，可以依法申请行政复议或者提起行政诉讼。

个人与所在用人单位发生社会保险争议的，可以依法申请调解、仲裁，提起诉讼。

用人单位侵害个人社会保险权益的，个人也可以要求社会保险行政部门或者社会保险费征收机构依法处理。

第八十六条　用人单位未按时足额缴纳社会保险费的，由社会保险费征收机构责令限期缴纳或者补足，并自欠缴之日起，按日加收万分之五的滞纳金；逾期仍不缴纳的，由有关行政部门处欠缴数额一倍以上三倍以下的罚款。

10.1.5　住房公积金代扣代缴的计算方法

住房公积金的缴存和社会保险类似，也分为两部分：一部分是职工个人应缴存的住房公积金，另一部分是企业为职工缴存的住房公积金。公积金是专户存储，归职工个人所有。职工个人缴存部分由企业代扣后，连同企业缴存部分一并缴存到职工住房公积金个人账户上。

住房公积金缴纳的公式为：住房公积金月缴纳金额 = 住房公积金缴费基数 × 缴费比例。

1. 住房公积金缴费基数

住房公积金缴费基数为职工上一年度月平均工资。新参加工作的职工从参加工作的第二个月开始缴存住房公积金，缴费基数为其当月工资；新调入的职工从调入并发放工资之日起缴存住房公积金，缴费基数为其当月工资。国家对住房公积金缴费基数的规定也有上下限，原则上最高不得超过统计部门公布的上一年度职工月平均工资的三倍，最低不得低于上一年度劳动部门规定的月最低工资标准。一般每年七月份对职工住房公积金基数进行调整。这里需要提醒 HR 的是，与社会保险一样，你需要定期关注当地公积金官网，以便及时了解相关信息和政策调整。

2. 缴费比例

按照国务院颁布的《住房公积金管理条例》，职工和单位住房公积金缴存比例均不得低于职工本人上一年度月平均工资的 5%，对于有条件的城市可以适当提高住房公积金的缴存比例。我国各地关于公积金代扣代缴的政策略有差异，以北京为例，北京住房公积金管理中心于 2016 年 4 月发布了《关于调整住房公积金缴存比例的通知》，将之前的比例 12% 调整为 5%～12%，并指出企业可根据自身经济情况，经本单位职工大会、职工代表大会或工会讨论通过后，在规定范围内再确定具体缴存比例。

住房公积金与社会保险一样，是国家强制要求企业缴纳的。但它和社会保险的区别在于，住房公积金的缴费比例相对宽松，另外允许有困难的单位缓缴。

《住房公积金管理条例》第二十条、第三十七条、第三十八条的内容如下。

第二十条　单位应当按时、足额缴存住房公积金，不得逾期缴存或者少缴。对缴存住房公积金确有困难的单位，经本单位职工代表大会或者工会讨论通过，并经住房公积金管理中心审核，报住房公积金管理委员会批准后，可以降低缴存比例或者缓缴；待单位经济效益好转后，再提高缴存比例或者补缴缓缴。

第三十七条　违反本条例的规定，单位不办理住房公积金缴存登记或者不为本单位职工办理住房公积金账户设立手续的，由住房公积金管理中心责令限期办理；逾期不办理的，处 1 万元以上 5 万元以下的罚款。

第三十八条　违反本条例的规定，单位逾期不缴或者少缴住房公积金的，由住房公积金管理中心责令限期缴存；逾期仍不缴存的，可以申请人民法院强制执行。

10.1.6　个人所得税的计算方法

个人所得税针对的是收入所得，涵盖的范围很广，主要包括工资薪金所得、劳务报酬所得、个体工商户经营所得、财产转让所得、利息、股息所得、承包经营所得、稿酬所得、特许权使用费所得、财产租赁所得、偶然所得等。本书涉及的个人所得税，针对的是工资薪金所得。

2018 年 8 月 31 日，关于修改《中华人民共和国个人所得税法》的决定（简称《决定》）经十三届全国人大常委会第五次会议表决通过。《决定》有几个重大变化：一是起征点确定为每月 5000 元；二是减税向中低收入倾斜；三是多项支出可抵税。《决定》于 2019 年 1 月 1 日起正式施行，2018 年 10 月 1 日起施行最新起征点和税率。

下面根据《决定》详细讲解工资薪金所得的个人所得税的计算方法。

在《决定》中，应纳税所得额按年计算。但有扣缴义务人的，由扣缴义务人按月或者按次预扣预缴税款。也就是说，对企业来说，HR 还是按照月度计算个人所得税，由企业为员工代扣个人所得税。

《中华人民共和国个人所得税法》第六条和第十一条的内容如下。

第六条　应纳税所得额的计算：

（一）居民个人的综合所得，以每一纳税年度的收入额减除费用六万元以及专项扣除、专项附加扣除和依法确定的其他扣除后的余额，为应纳税所得额。

（二）非居民个人的工资、薪金所得，以每月收入额减除费用五千元后的余额为应纳税所得额；劳务报酬所得、稿酬所得、特许权使用费所得，以每次收入额为应纳税所得额。

（三）经营所得，以每一纳税年度的收入总额减除成本、费用以及损失后的余额，为应纳税所得额。

（四）财产租赁所得，每次收入不超过四千元的，减除费用八百元；四千元以上的，减除百分之二十的费用，其余额为应纳税所得额。

（五）财产转让所得，以转让财产的收入额减除财产原值和合理费用后的余额，为应纳税所得额。

（六）利息、股息、红利所得和偶然所得，以每次收入额为应纳税所得额。

劳务报酬所得、稿酬所得、特许权使用费所得以收入减除百分之二十的费用后的余额为收入额。稿酬所得的收入额减按百分之七十计算。

个人将其所得对教育、扶贫、济困等公益慈善事业进行捐赠，捐赠额未超过纳税人申报的应纳税所得额百分之三十的部分，可以从其应纳税所得额中扣除；国务院规定对公益慈善事业捐赠实行全额税前扣除的，从其规定。

本条第一款第一项规定的专项扣除，包括居民个人按照国家规定的范围和标准缴纳的基本养老保险、基本医疗保险、失业保险等社会保险费和住房公积金等；专项附加扣除，包括子女教育、继续教育、大病医疗、住房贷款利息或者住房租金、赡养老人等支出，具体范围、标准和实施步骤由国务院确定，并报全国人民代表大会常务委员会备案。

第十一条　居民个人取得综合所得，按年计算个人所得税；有扣缴义务人的，由扣缴义务人按月或者按次预扣预缴税款；需要办理汇算清缴的，应当在取得所得的次年三月一日至六月三十日内办理汇算清缴。预扣预缴办法由国务院税务主管部门制定。

居民个人向扣缴义务人提供专项附加扣除信息的，扣缴义务人按月预扣预缴税款时应当按照规定予以扣除，不得拒绝。

非居民个人取得工资、薪金所得，劳务报酬所得，稿酬所得和特许权使用费所得，有扣缴义务人的，由扣缴义务人按月或者按次代扣代缴税款，不办理汇算清缴。

1. 个人所得税的计算方法

个人所得税的计算公式为：

应纳税额 = 应纳税所得额 × 适用税率 − 速算扣除数。其中，应纳税所得额 = 月度收入 −5000 元（起征点）− 专项扣除 − 专项附加扣除 − 依法确定的其他扣除。

应纳税额就是要缴纳的税款；应纳税所得额可以理解为要按照什么金额缴税。在应纳税所得额中，国家规定了一些“免征项目”，可以理解为国家给的“实惠”，从收入中减掉这些“免征项目”，应纳税所得额少了，相应的应纳税额也会减少。这些“免征项目”，在修改后的《中华人民共和国个人所得税法》里有明确规定。

专项扣除项目包括居民个人按照国家规定的范围和标准缴纳的基本养老保险、基本医疗保险、失业保险等社会保险费和住房公积金等；专项附加扣除项目包括子女教育、继续教育、大病医疗、住房贷款利息、住房租金和赡养老人等。2018 年 12 月 13 日，国务院颁布了《个人所得税专项附加扣除暂行办法》，规定了专项附加扣除的具体范围和标准，并于 2019 年 1 月 1 日起正式施行，如表 10.3 所示。

表 10.3　个人所得税专项附加扣除标准

专项附加扣除项目	标　　准
子女教育	按照每个子女 1000 元 / 月定额扣除
继续教育	学历（学位）教育期间，按照 400 元 / 月定额扣除；获取技能人员职业资格继续教育、专业技术人员职业资格继续教育相关证书的当年，按照 3600 元 / 月定额扣除
大病医疗	医保报销后个人负担（指医保目录范围内的自负部分）累计超过 15 000 元的部分，在 80 000 元 / 年的限额内扣除
住房贷款利息	按照 1000 元 / 月定额扣除，扣除期限最长不超过 240 个月
住房租金	直辖市、省会（首府）城市、计划单列市以及国务院确定的其他城市，1500 元 / 月；除第一项所列城市以外，市辖区户籍人口超过 100 万的城市，1100 元 / 月；市辖区户籍人口不超过 100 万的城市，800 元 / 月
赡养老人	独生子女，2000 元 / 月；非独生子女，与兄弟姐妹分摊 2000 元 / 月，每人分摊额度不超过 1000 元 / 月

注：更详细的标准可以参见《个人所得税专项附加扣除暂行办法》。

《个人所得税专项附加扣除暂行办法》部分条款如下。

第二章　子女教育

第五条　纳税人的子女接受全日制学历教育的相关支出，按照每个子女每月 1000 元的标准定额扣除。

学历教育包括义务教育（小学、初中教育）、高中阶段教育（普通高中、中等职业、技工教育）、高等教育（大学专科、大学本科、硕士研究生、博士研究生教育）。

年满 3 岁至小学入学前处于学前教育阶段的子女，按本条第一款规定执行。

第六条　父母可以选择由其中一方按扣除标准的 100% 扣除，也可以选择由双方分别按扣除标准的 50% 扣除，具体扣除方式在一个纳税年度内不能变更。

第七条　纳税人子女在中国境外接受教育的，纳税人应当留存境外学校录取通知书、留学签证等相关教育的证明资料备查。

第三章　继续教育

第八条　纳税人在中国境内接受学历（学位）继续教育的支出，在学历（学位）教育期间按照每月 400 元定额扣除。同一学历（学位）继续教育的扣除期限不能超过 48 个月。纳税人接受技能人员职业资格继续教育、专业技术人员职业资格继续教育的支出，在取得相关证书的当年，按照 3600 元定额扣除。

第九条　个人接受本科及以下学历（学位）继续教育，符合本办法规定扣除条件的，可以选择由其父母扣除，也可以选择由本人扣除。

第十条　纳税人接受技能人员职业资格继续教育、专业技术人员职业资格继续教育的，应当留存相关证书等资料备查。

第四章　大病医疗

第十一条　在一个纳税年度内，纳税人发生的与基本医保相关的医药费用支出，扣除医保报销后个人负担（指医保目录范围内的自付部分）累计超过 15 000 元的部分，由纳税人在办理年度汇算清缴时，在 80 000 元限额内据实扣除。

第十二条　纳税人发生的医药费用支出可以选择由本人或者其配偶扣除；未成年子女发生的医药费用支出可以选择由其父母一方扣除。

纳税人及其配偶、未成年子女发生的医药费用支出，按本办法第十一条规定分别计算扣除额。

第十三条　纳税人应当留存医药服务收费及医保报销相关票据原件（或者复印件）等资料备查。医疗保障部门应当向患者提供在医疗保障信息系统记录的本人年度医药费用信息查询服务。

第五章　住房贷款利息

第十四条　纳税人本人或者配偶单独或者共同使用商业银行或者住房公积金个人住房贷款为本人或者其配偶购买中国境内住房，发生的首套住房贷款利息支出，在实际发生贷款利息的年度，按照每月 1000 元的标准定额扣除，扣除期限最长不超过 240 个月。纳税人只能享受一次首套住房贷款的利息扣除。

本办法所称首套住房贷款是指购买住房享受首套住房贷款利率的住房贷款。

第十五条　经夫妻双方约定，可以选择由其中一方扣除，具体扣除方式在一个纳税年度内不能变更。

夫妻双方婚前分别购买住房发生的首套住房贷款，其贷款利息支出，婚后可以选择其中一套购买的住房，由购买方按扣除标准的 100% 扣除，也可以由夫妻双方对各自购买的住房分别按扣除标准的 50% 扣除，具体扣除方式在一个纳税年度内不能变更。

第十六条　纳税人应当留存住房贷款合同、贷款还款支出凭证备查。

第六章　住房租金

第十七条　纳税人在主要工作城市没有自有住房而发生的住房租金支出，可以按照以下标准定额扣除：

（一）直辖市、省会（首府）城市、计划单列市以及国务院确定的其他城市，扣除标准为每月 1500 元；

（二）除第一项所列城市以外，市辖区户籍人口超过 100 万的城市，扣除标准为每月 1100 元；市辖区户籍人口不超过 100 万的城市，扣除标准为每月 800 元。

纳税人的配偶在纳税人的主要工作城市有自有住房的，视同纳税人在主要工作城市有自有住房。

市辖区户籍人口，以国家统计局公布的数据为准。

第十八条　本办法所称主要工作城市是指纳税人任职受雇的直辖市、计划单列市、副省级城市、地级市（地区、州、盟）全部行政区域范围；纳税人无任职受雇单位的，为受理其综合所得汇算清缴的税务机关所在城市。

夫妻双方主要工作城市相同的，只能由一方扣除住房租金支出。

第十九条　住房租金支出由签订租赁住房合同的承租人扣除。

第二十条　纳税人及其配偶在一个纳税年度内不能同时分别享受住房贷款利息和住房租金专项附加扣除。

第二十一条　纳税人应当留存住房租赁合同、协议等有关资料备查。

第七章　赡养老人

第二十二条　纳税人赡养一位及以上被赡养人的赡养支出，统一按照以下标准定额扣除：

（一）纳税人为独生子女的，按照每月 2000 元的标准定额扣除；

（二）纳税人为非独生子女的，由其与兄弟姐妹分摊每月 2000 元的扣除额度，每人分摊的额度不能超过每月 1000 元。可以由赡养人均摊或者约定分摊，也可以由被赡养人指定分摊。约定或者指定分摊的须签订书面分摊协议，指定分摊优先于约定分摊。具体分摊方式和额度在一个纳税年度内不能变更。

第二十三条　本办法所称被赡养人是指年满 60 岁的父母，以及子女均已去世的年满 60 岁的祖父母、外祖父母。

第八章　保障措施

第二十四条　纳税人向收款单位索取发票、财政票据、支出凭证，收款单位不能拒绝提供。

第二十五条　纳税人首次享受专项附加扣除，应当将专项附加扣除相关信息提交扣缴义务人或者税务机关，扣缴义务人应当及时将相关信息报送税务机关，纳税人对所提交信息的真实性、准确性、完整性负责。专项附加扣除信息发生变化的，纳税人应当及时向扣缴义务人或者税务机关提供相关信息。

前款所称专项附加扣除相关信息，包括纳税人本人、配偶、子女、被赡养人等个人身份信息，以及国务院税务主管部门规定的其他与专项附加扣除相关的信息。

本办法规定纳税人需要留存备查的相关资料应当留存五年。

第二十六条　有关部门和单位有责任和义务向税务部门提供或者协助核实以下与专项附加扣除有关的信息：

（一）公安部门有关户籍人口基本信息、户成员关系信息、出入境证件信息、相关出国人员信息、户籍人口死亡标识等信息；

（二）卫生健康部门有关出生医学证明信息、独生子女信息；

（三）民政部门、外交部门、法院有关婚姻状况信息；

（四）教育部门有关学生学籍信息（包括学历继续教育学生学籍、考籍信息）、在相关部门备案的境外教育机构资质信息；

（五）人力资源社会保障等部门有关技工院校学生学籍信息、技能人员职业资格继续教育信息、专业技术人员职业资格继续教育信息；

（六）住房城乡建设部门有关房屋（含公租房）租赁信息、住房公积金管理机构有关住房公积金贷款还款支出信息；

（七）自然资源部门有关不动产登记信息；

（八）人民银行、金融监督管理部门有关住房商业贷款还款支出信息；

（九）医疗保障部门有关在医疗保障信息系统记录的个人负担的医药费用信息；

（十）国务院税务主管部门确定需要提供的其他涉税信息。

上述数据信息的格式、标准、共享方式，由国务院税务主管部门及各省、自治区、直辖市和计划单列市税务局商有关部门确定。

有关部门和单位拥有专项附加扣除涉税信息，但未按规定要求向税务部门提供的，拥有涉税信息的部门或者单位的主要负责人及相关人员承担相应责任。

第二十七条　扣缴义务人发现纳税人提供的信息与实际情况不符的，可以要求纳税人修改。纳税人拒绝修改的，扣缴义务人应当报告税务机关，税务机关应当及时处理。

第二十八条　税务机关核查专项附加扣除情况时，纳税人任职受雇单位所在地、经常居住地、户籍所在地的公安派出所、居民委员会或者村民委员会等有关单位和个人应当协助核查。

《个人所得税专项附加扣除暂行办法》颁布后，国家税务总局随即发布了《个人所得税专项附加扣除操作办法（试行）》。企业 HR 和财务面临很多具体操作的问题，税务总局在第一时间也进行了回答。

【延伸阅读】国家税务总局对热点问题的回答

Q（问题）：个人所得税汇算清缴不需要去税务局申报吧？

A（回答）：根据《国家税务总局关于个人所得税自行纳税申报有关问题的公告》（2018 年第 62 号）第一条：需要办理汇算清缴的纳税人，应当在取得所得的次年 3 月 1 日至 6 月 30 日内，向任职、受雇单位所在地主管税务机关办理纳税申报，并报送“个人所得税年度自行纳税申报表”。

Q：夫妻同时有大病医疗支出，想全部都在男方扣除，扣除限额是否按 16 万元？

A：夫妻两人同时有符合条件的大病医疗支出，可以选择都在男方扣除，每人最高扣除限额为 8 万元。

Q：子女教育扣除支出是否需要留存资料？

A：根据《国家税务总局关于发布，<个人所得税专项附加扣除操作办法（试行）>的公告》（国家税务总局公告 2018 年第 60 号）第十二条，享受子女教育附加扣除的，纳税人应当填报配偶及子女的姓名、身份证件类型及号码、子女当前受教育阶段及起止时间、子女就读学校以及本人与配偶之间扣除分配比例等信息。在境内就读的，税务机关可以获取教育部门的学籍信息，纳税人不需要留存资料备查。子女在境外接受教育的，纳税人应当留存境外学校录取通知书、留学签证等境外教育佐证资料。

Q：两人合租住房，住房租金支出扣除应如何操作？

A：根据《个人所得税专项附加扣除暂行办法》第十九条，住房租金支出由签订租赁合同的承租人扣除。因此，合租租房的个人，若都与出租方签署了规范租房合同，可根据租金定额标准各自扣除。

Q：什么时候开始进行员工个税专项扣除信息采集？

A：12 月 22 日，国务院正式发布《个人所得税专项附加扣除暂行办法》，国家税务总局随即发布《个人所得税专项附加扣除操作办法（试行）》（国家税务总局公告 2018 年第 60 号）。相关政策发布后，纳税人可根据自身情形判断享受专项附加扣除的条件和范围，通过填报纸质或电子“专项附加扣除信息表”向扣缴义务人报送专项附加扣除信息，或使用后续税务机关上线的远程客户端，通过手机 App、Web 网页、电子税务局等方式便捷办理。

Q：员工提供的信息，企业怎么核实是否真实？

A：根据《国家税务总局关于发布 <个人所得税专项附加扣除操作办法（试行）>的公告》（国家税务总局公告 2018 年第 60 号）第二十四条和第二十五条，纳税人向扣缴义务人提供专项附加扣除信息的，扣缴义务人应当按照规定予以扣除，不得拒绝，也不得擅自更改纳税人提供的相关信息。但扣缴义务人根据其所掌握信息，发现纳税人提供的信息与实际情况不符，可以要求纳税人修改。纳税人拒绝修改的，扣缴义务人应当向主管税务机关报告，税务机关应当及时处理。

Q：硕士研究生、博士研究生教育属于子女教育还是继续教育，由谁扣除？

A：属于全日制学历教育的硕士研究生、博士研究生，由其父母按照子女教育进行扣除；属于非全日制的学历（学位）继续教育，由纳税人本人按照继续教育扣除。

Q：住房租金要求留存备查的合同，有模板格式要求吗？

A：根据《国家税务总局关于发布 < 个人所得税专项附加扣除操作办法（试行）> 的公告》（国家税务总局公告 2018 年第 60 号）第十五条的规定，纳税人享受住房租金专项附加扣除，应当填报主要工作城市、租赁住房坐落地址、出租人姓名及身份证件类型和号码或者出租方单位名称及纳税人识别号（社会统一信用代码）、租赁起止时间等信息。

留存备查的住房租赁合同或协议，并无统一的模板要求，纳税人应参照以上规定，签订真实的租赁合同或协议，完整披露以上信息。

资料来源：国家税务总局 12366 纳税服务平台

应纳税所得额计算公式中依法确定的其他扣除在修改后的《中华人民共和国个人所得税法》中也有明确规定。

《中华人民共和国个人所得税法》第四条的内容如下。

第四条　下列各项个人所得，免征个人所得税：

（一）省级人民政府、国务院部委和中国人民解放军军以上单位，以及外国组织、国际组织颁发的科学、教育、技术、文化、卫生、体育、环境保护等方面的奖金；

（二）国债和国家发行的金融债券利息；

（三）按照国家统一规定发给的补贴、津贴；

（四）福利费、抚恤金、救济金；

（五）保险赔款；

（六）军人的转业费、复员费、退役金；

（七）按照国家统一规定发给干部、职工的安家费、退职费、基本养老金或者退休费、离休费、离休生活补助费；

（八）依照有关法律规定应予免税的各国驻华使馆、领事馆的外交代表、领事官员和其他人员的所得；

（九）中国政府参加的国际公约、签订的协议中规定免税的所得；

（十）国务院规定的其他免税所得。

前款第十项免税规定，由国务院报全国人民代表大会常务委员会备案。

修改后的《中华人民共和国个人所得税法》中税率也有调整，个人所得税率表（综合所得适用）如表 10.4 所示。

表 10.4　个人所得税率表（综合所得适用）

级数	全月应纳税所得额（含税级距）	税率（%）	速算扣除数
1	不超过 3000 元的	3	0
2	超过 3000 元至 12 000 元的部分	10	210
3	超过 12 000 元至 25 000 元的部分	20	1410
4	超过 25 000 元至 35 000 元的部分	25	2660
5	超过 35 000 元至 55 000 元的部分	30	4410
6	超过 55 000 元至 80 000 元的部分	35	7160
7	超过 80 000 元的部分	45	15 160

举例说明：

员工李某，工作一年，月工资为 5000 元，每月无须缴纳个人所得税。

员工王某，在北京一家公司上班，月工资为 10 000 元，每月社会保险（养老、医疗、生育）个人缴纳部分为 921 元，每月住房公积金个人缴纳部分为 1080 元。王某夫妻两年前贷款购买了首套住房，贷款期限 20 年，每月需要还房贷。王某的父母均已 60 多岁，他有一个哥哥，还有一个孩子正在上幼儿园。

根据最新政策，除了可以享受起征点提高至 5000 元，王某还可以享受每月住房贷款利息 1000 元扣除（夫妻商议后决定在王某处扣除）、赡养老人 1000 元扣除（和哥哥均摊）与子女教育 1000 元扣除（夫妻商议后决定在王某处扣除），王某应纳税所得额为 10 000-5000-921-1080-1000-1000-1000 ＜ 0 元，王某应纳个人所得税税额为 0 元。可见，修改后的《中华人民共和国个人所得税法》大大降低了工薪阶层的个人所得税负担。

2. 个人所得税计算的常见问题

在计算个人所得税时，我们经常会遇到以下问题：加班费是否要缴税，年终奖怎么缴税，补偿金是否缴税。

（1）加班费：应体现在工资收入中并依法征税。

（2）年终奖：由于修改后的《中华人民共和国个人所得税法》中工资薪金所得

的个税按年征收，所以年终奖的个人所得税也合并计入工资薪金，按全年综合收入计征。但财政部国家税务总局在 2019 年 12 月 27 日联合发文明确了居民个人取得全年一次性奖金，符合规定的，在 2021 年 12 月 31 日前，不并入当年综合所得；但从 2022 年 1 月 1 日起，应当并入当年综合所得计算缴纳个人所得税。扣除办法按照《国家税务总局关于调整个人取得全年一次性奖金等计算征收个人所得税办法问题的通知》（国税发〔2005〕9 号）执行。

《中华人民共和国个人所得税法》下的年终奖，是单独作为一个月工资薪金所得计算个人所得税，可以理解为将年终奖“分摊到 12 个月”。《中华人民共和国个人所得税法》下的年终奖个人所得税分为两种情况计算。

第一种情况：当月工资大于 5000 元。

当月工资所得大于（或等于）5000 元，个人所得税应纳税额 = 当月取得全年一次性奖金 × 适用税率 − 速算扣除数。

这里的适用税率根据当月取得全年一次性奖金除以 12（全年平均）确定。如果某员工年终奖不超过 36 000 元，则除以 12 后每月不超过 3000 元，适用税率为 3%。比如，员工李某当月工资超过 5000 元，又获得 10 000 元年终奖，年终奖缴税额为 10 000 × 3%−0=300 元（10 000/12 ＜ 3000 元，税率 3%）。

第二种情况：当月工资小于 5000 元。

第一步：计算应纳税所得额，即全年一次性奖金 −（5000−月工资）。

第二步：计算适用税率，即应纳税所得额 /12，所得结果根据原个税法税率找出税率和速算扣除数。

第三步：计算税额，即个人所得税应纳税额 = 应纳税所得额 × 适用税率 − 速算扣除数。

比如，员工张某当月工资为 2500 元，又获得 10 000 元年终奖，先计算应纳税所得额，10 000−（5000−2500）=7500 元；再算适用税率，7500/12=625 元，税率为 3%，速算扣除数为 0。最后，年终奖应缴税额 = 应纳税所得额 × 适用税率 − 速算扣除数 = 7500 × 3%−0=225 元。

（3）补偿金：应依法纳税。

【引申知识】速算扣除数是怎么回事

速算扣除数是指采用超额累进税率计税时简化计算应纳税额的一个数。速算扣除数实际上是在级距和税率不变条件下，全额累进税率的应纳税额比超额累进税率的应纳税额多纳的一个常数。在超额累进税率条件下，用全额累进的计税方法，只要减掉这个常数，就等于用超额累进方法计算的应纳税额，简称速算扣除数。

简单来说，速算扣除数是为了避免税率变化的临界点存在员工 A 比员工 B 工资高，但A比B到手工资少的情况发生。

如果没有速算扣除数，举个极端的例子：A的月工资扣除社会保险和公积金后为8000元，应纳税额为（8000-5000）×3%=90元，实际工资=8000-90=7910元。B的月工资扣除社会保险和公积金后为8001元，比A多1元钱，由于8000元是税率变更临界值（适用税率由3%变为10%），B的应纳税额=（8001-5000）×10%=300.1元，实际工资=8001-300.1=7700.9元，反而比A到手工资要少。

再看加入速算扣除数后，A的应纳税额=（8000-5000）×3%=90元，B的应纳税额=（8001-5000）×10%-210=90.1元。A的实际工资=8000-90=7910元，B的实际工资=8001-90.1=7910.9元。可见，通过加入速算扣除数，使得临界点变得连续起来了。

10.1.7 加班工资（加班费）的计算方法

加班工资（加班费）是很多HR在日常操作中容易算错的部分，以下是正确的计算方法。

1. 加班工资的法律规定和计算公式

关于加班费到底如何支付，法律有明文规定。

《中华人民共和国劳动法》第四十条、第四十四条的内容如下。

第四十条　用人单位在下列节日期间应当依法安排劳动者休假：

（一）元旦；（二）春节；（三）国际劳动节；（四）国庆节；（五）法律、法规规定的其他休假节日。

第四十四条　有下列情形之一的，用人单位应当按照下列标准支付高于劳动者正常工作时间工资的工资报酬：

（一）安排劳动者延长工作时间的，支付不低于工资的百分之一百五十的工资报酬；

（二）休息日安排劳动者工作又不能安排补休的，支付不低于工资的百分之二百的工资报酬；

（三）法定休假日安排劳动者工作的，支付不低于工资的百分之三百的工资报酬。

《关于职工全年月平均工作时间和工资折算问题的通知》中相关规定如下。

一、制度工作时间的计算

年工作日：365天-104天（休息日）-11天（法定节假日）=250天。

季工作日：250天/4季=62.5天/季。

月工作日：250天/12月=20.83天/月。

工作小时数的计算：以月、季、年的工作日乘以每日的 8 小时。

二、日工资、小时工资的折算

按照《中华人民共和国劳动法》第五十一条的规定，法定节假日用人单位应当依法支付工资,即折算日工资、小时工资时不剔除国家规定的 11 天法定节假日。据此，日工资、小时工资的折算为：

日工资：月工资收入 / 月计薪天数。

小时工资：月工资收入 /（月计薪天数 ×8 小时）。

月计薪天数 =（365 天 -104 天）/12 月 =21.75 天 / 月。

根据以上法律法规，可以得到加班工资的计算公式，即日工资按平均每月计薪天数 21.75 天折算，小时工资则在日工资的基础上再除以 8 小时。

节假日加班工资 = 加班工资的计算基数 /21.75 × 300%。

休息日加班工资 = 加班工资的计算基数 /21.75 × 200%。

正常工作日加班工资 = 加班工资的计算基数 /21.75 × 150%。

每小时的加班工资，则以日加班工资除以 8 小时。

举例来看：某企业员工小董的月工资标准为 4000 元，如果公司安排他在法定假日 10 月 1 日、10 月 2 日加班 2 天，其加班工资为 4000/21.75 × 300% × 2=1103.45 元；如果公司安排他在 10 月 6 日加班 1 天且不能补休，其加班工资为 4000/21.75 × 200% × 1=367.82 元；如果公司安排他在 10 月 10 日（工作日）加班 2 小时，其加班工资为 4000/21.75/8 × 2 × 150%=68.97 元。

HR 在实际操作中需要注意，实行综合计算工时的企业，综合计算工作时间超过法定标准工作时间的，加班工资按 150% 计算；实行不定时工时的企业，一般情况下不需要支付加班工资。但这两种工时制度，如果企业在法定节假日安排员工工作，仍然需要按照不低于本人工资标准的 300% 支付加班工资。

2. 加班工资的计算基数

在加班工资计算中，常有争议的是加班工资的计算基数。关于加班工资的计算基数，需要注意以下几点。

（1）如果劳动合同明确约定工资数额的，加班工资以劳动合同约定的工资作为计算基数。劳动合同有时会约定工资项目，如基本工资、岗位工资，在实际操作中，加班工资应以各项工资总和作为计算基数，不能只以基本工资作为计算基数。

（2）如果劳动合同没有明确约定工资数额，或者约定不明确时，加班工资以实际工资作为计算基数。

（3）如果企业实行计件工资，则加班工资以法定时间内的计件单价为计算基数。

（4）加班工资的计算基数低于最低工资标准的，以日、小时最低工资标准作为计算基数。

【实操难点】安排员工加班后，是补休还是支付加班工资

（1）休息日加班：休息日加班，企业可以选择安排员工补休。如果无法安排补休，就需要支付加班工资（不低于日工资的200%）。

（2）工作日加班和法定节假日加班：企业必须支付加班工资，不得以补休方式代替。

【争议热点】法定节假日加班工资是支付两倍还是三倍

我们先来看一个案例。某企业的小王在2017年10月1日到10月3日被安排加班3天。之后公司向他发放了加班工资，发放金额是其日工资的两倍。小王认为按照劳动法规定，公司应向其支付日工资的三倍。但该公司HR认为小王的月工资中，已经享有了一倍工资，只需另外支付两倍工资即可。那么到底法定节假日加班，加班工资是另支付两倍还是三倍？

法定节假日是计薪日，劳动者享有一倍工资。而劳动者在法定节假日加班，应当享有三倍加班工资。这两者是不能相抵的，即企业仍应当另行支付劳动者三倍的加班工资。这一点在《劳动部关于职工工作时间有关问题的复函》（劳部发〔1997〕271号）中的第四点已明确规定了。

《劳动部关于职工工作时间有关问题的复函》第四点的内容如下。

四、休息日或法定休假日加班，用人单位可否不支付加班费而给予补休？补休的标准如何确定？

依据《中华人民共和国劳动法》第四十四条规定，休息日安排劳动者加班工作的，应首先安排补休，不能补休时，则应支付不低于工资的百分之二百的工资报酬。补休时间应等同于加班时间。法定休假日安排劳动者加班工作的，应另外支付不低于工资的百分之三百的工资报酬，一般不安排补休。

10.2 薪酬核算与发放流程

“发工资”是每个企业中很日常和普通的事，也是员工的大事。如果“发工资”这件事没有做好，则很容易引起员工的不满，甚至产生劳动纠纷。因此，如何规范相关流程、制度，避免或减少错误和法律风险的发生，是HR必须重视的问题。

10.2.1　薪酬核算前的准备工作

在进行薪酬核算前，HR 需要收集、汇总相关信息和数据，做好准备工作。薪酬核算需要收集的信息和数据如表 10.5 所示。

表 10.5　薪酬核算需要收集的信息和数据

类　别	数据 / 信息
员工基本信息	员工花名册、员工工资卡信息
员工异动信息	当月入职员工的入职日期、当月离职员工的离职日期、当月转正员工的转正日期、当月转岗员工的转岗日期、当月调薪员工的调薪日期
考勤记录数据	出勤天数、各类请假天数、加班时间、迟到次数及时间、早退次数及时间、旷工次数及时间
薪酬标准	员工各项薪酬标准
变动薪酬	绩效工资依据（考核分数等）、提成依据（业绩指标结果等）、各类奖金依据、处罚扣款依据
其他	代扣代缴项，如社会保险、住房公积金的缴费基数和比例、工会会费、党费等

薪酬核算的注意事项如下。

（1）考勤数据需要与员工进行书面（签字、电子邮件等）确认。

（2）各类请假、加班、处罚扣款、转岗、调薪等信息，需要确认流程完善、审批记录完整。

（3）发放薪酬时，需要保存银行转账凭证或员工签字领取工资的证明材料。

10.2.2　Excel 中常用的函数和功能

HR 在做薪酬核算时，一定要掌握 Excel 中常用的函数和功能，这会让薪酬核算工作事半功倍。下面介绍 Excel 中常用的函数和功能。

1. 常用函数

（1）IF 函数。

IF 函数有 3 个参数，语法为：IF(条件判断，结果为真返回值，结果为假返回值)。

例如，某公司职能部门实行绩效考核制度，其绩效考核结果在月度工资上的应用为：当员工绩效考核分数大于或等于 95 时，对应的绩效考核系数为 1，对应的月度绩效工资 = 绩效工资基数 × 绩效考核系数；当绩效考核分数小于 95 时，对应的绩效考核系数 = 绩效考核分数 /100（如绩效考核分数为 82，绩效考核系数为 0.82）。

在绩效考核系数的计算上，就要用到 IF 函数。其逻辑为：判断绩效考核分数是否大于或等于 95，如果该判断条件成立（为真），返回值为 1，否则（为假），返回值为绩效考核分数 /100。如图 10.2 所示。

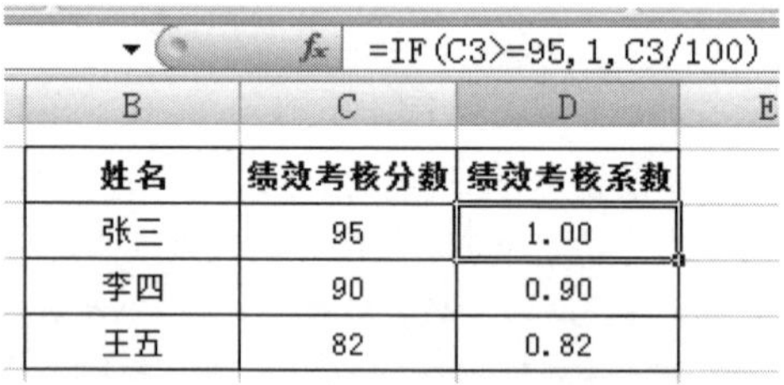

=IF(C3>=95,1,C3/100)

姓名	绩效考核分数	绩效考核系数
张三	95	1.00
李四	90	0.90
王五	82	0.82

图 10.2　IF 函数示例一

IF 函数可以嵌套，在 Excel 2007 中可以嵌套 64 层。对于上述案例来说，如果在现有绩效考核分数和系数对应的基础上再增加一个条件，当绩效考核分数小于 60 时，对应的绩效考核系数为 0。用嵌套的方式，IF 函数也可以完成计算。

其逻辑为：首先判断绩效考核分数是否大于或等于 95，如果“是”，返回值为 1，否则返回到下一个 IF 函数做判断，即再判断绩效考核分数是否小于 60，如果“是”，返回值为 0，否则返回值为绩效考核分数 /100。如图 10.3 所示。

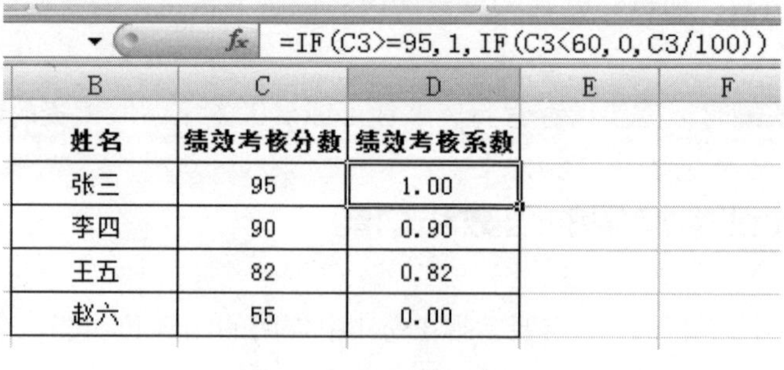

=IF(C3>=95,1,IF(C3<60,0,C3/100))

姓名	绩效考核分数	绩效考核系数
张三	95	1.00
李四	90	0.90
王五	82	0.82
赵六	55	0.00

图 10.3　IF 函数示例二

（2）SUMIF 函数。

SUMIF 函数是根据指定条件对若干单元格、区域或引用求和，语法为：SUMIF(range，criteria，sum_range)。其中，第一个参数 range 为条件区域，用于条件判断的单元格区域；第二个参数 criteria 是求和条件；第三个参数 sum_range 为实际求和区域。

例如，已知某公司销售部、人力资源部和行政部员工的应发工资，现在要统计各部门的工资总额，可以用 SUMIF 函数来实现，如图 10.4 所示。

G2　　=SUMIF($B$2:$B$9,F2,$D$2:$D$9)

	A	B	C	D	E	F	G
1		部门	姓名	应发工资		部门	工资总额
2		销售部	王红	8670		销售部	26301
3		销售部	李小亮	7760		人力资源部	10500
4		销售部	张伟	9871		行政部	13500
5		人力资源部	丁一	6000			
6		人力资源部	赵鹏	4500			
7		行政部	张欣欣	6000			
8		行政部	孙菲	3500			
9		行政部	周坤	4000			

图 10.4　SUMIF 函数示例

在 G2 单元格中输入公式“=SUMIF($B$2:$B$9,F2 , $D$2:$D$9)”。其中，“$B$2:$B$9”是进行判断的单元格区域，“F2”是判断条件，“$D$2:$D$9”是统计区域。该公式的意义是根据 $D$2:$D$9 判断区域的内容，对 $D$2:$D$9 统计区域中部门为 F2 单元格内容的数据进行求和。

（3）VLOOKUP 函数。

VLOOKUP 函数是纵向查找函数，可以用来在多个表格之间导入数据、核对数据等。

其语法为：VLOOKUP(lookup_value, table_array, col_index_num, range_lookup)。

其中，lookup_value 是需要在数据表第一列中进行查找的数值。table_array 为需要在其中查找数据的数据区域。col_index_num 为 table_array 中查找数据的数据列序号。如果 col_index_num 为 3，则返回 table_array 第三列的数值。range_lookup 为一逻辑值，如果其值为 false 或 0，则属于精确匹配；如果其值为 true 或 1，则属于近似匹配值，即如果找不到精确匹配值，则返回小于 lookup_value 的最大数值。

VLOOKUP 函数是薪酬专员最常用的函数，不管是核对还是引用数据，“V”一下，方便又快捷。尤其是核算工资时，需要将多张表的数据汇总到一张表上，VLOOKUP 函数的重要作用就会充分体现出来。

例如，某公司的绩效制度根据岗位和部门的不同而有所不同。在核算全员的绩效工资时，薪酬专员首先将不同部门、不同岗位的绩效工资根据绩效制度核算出来，然后将绩效工资表中的数据引用至总工资表中。这时就需要使用 VLOOKUP 函数。

如图 10.5、图 10.6 所示，第一张表是总工资表，第二张表是绩效工资表。在第一张表的 D2 单元格中，输入公式“=VLOOKUP(B2, 绩效工资表 !$B$2:$C$9,2,0)”，即按照 B2（陈丽），在绩效工资表的 B2:C9 中纵向查找，找到后返回对应的第二列单元格的内容（1800）。

D2 =VLOOKUP(B2,绩效工资表!$B$2:$C$9,2,0)

	A	B	C	D	E	F	G
1	部门	姓名	基本工资	绩效工资			
2	客服部	陈丽	3500	1800			
3	人力资源部	赵明明	4000	2650			
4	营销部	张晓宁	4000	3000			
5	营销部	徐鑫	5000	3200			
6	财务部	董立伟	4500	2675			
7	营销部	李文丽	6000	3055			
8	客服部	杨萍萍	6500	2985			
9	营销部	秦刚	5000	3000			

图 10.5　VLOOKUP 函数示例（总工资表）

	A	B	C
1	部门	姓名	绩效工资
2	客服部	陈丽	1800
3	人力资源部	赵明明	2650
4	营销部	董立伟	2675
5	营销部	杨萍萍	2985
6	财务部	张晓宁	3000
7	营销部	秦刚	3000
8	客服部	李文丽	3055
9	营销部	徐鑫	3200

图 10.6　VLOOKUP 函数示例（绩效工资表）

【知识点】个人所得税用函数如何算

个人所得税的计算公式为：个人所得税 =（应发工资 -5000）× 税率 - 速算扣除数。注意应发工资是减去代扣代缴社会保险和住房公积金个人部分后的工资。税率和速算扣除数参照表 10.4。

第一种方法：用 IF 函数多重嵌套后计算。

如图 10.7 所示，在 C2 单元格中输入 IF 多重嵌套公式“=IF(B2>=85000,(B2-5000)*45%-15160,IF(B2>=60000,(B2-5000)*35%-7160,IF(B2>=40000,(B2-5000)*30%-4410,IF(B2>=30000,(B2-5000)*25%-2660,IF(B2>=17000,(B2-5000)*20%-1410,IF(B2>=8000,(B2-5000)*10%-210,IF(B2>5000,(B2-5000)*3%,0)))))))”。

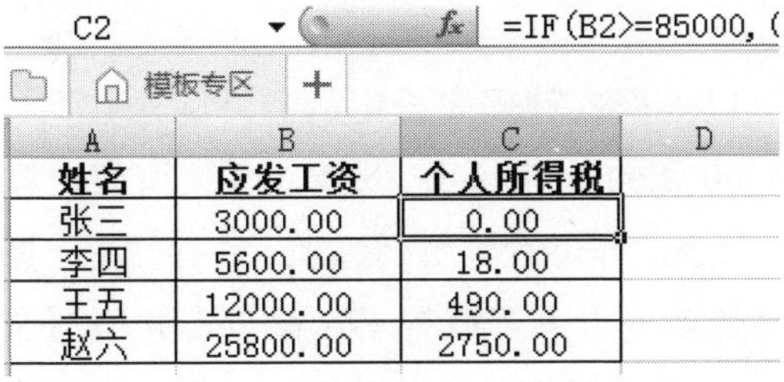

图 10.7　个人所得税 IF 函数示例

第二种方法：用 MAX 函数计算。

MAX 函数是用来返回最大数值的。比如，单元格 A1:A5 包含数字 1、20、9、55 和 12，则 MAX(A1:A5) 等于 55。

如果用 MAX 函数来计算，则在 C2 单元格中输入 Max 函数公式"=MAX((B2-5000)*{3;10;20;25;30;35;45}%-{0;210;1410;2660;4410;7160;15160},0)"。

2. 常用功能

（1）设置单元格格式。

在 Excel 中按"Ctrl+1"组合键，即可弹出"设置单元格格式"对话框，在该对话框中可以选择并设置数值（保留几位小数）、百分比等格式，如图 10.8 所示。当然，保留小数也可以用 ROUND 函数。

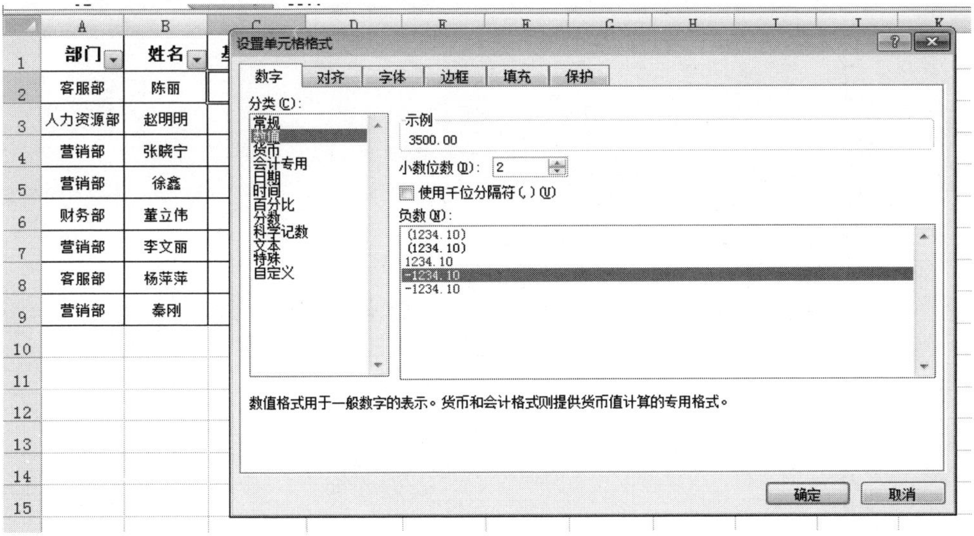

图 10.8　设置单元格格式

（2）筛选。

通过筛选功能，可以根据各种预先设定的条件筛选数据。例如，某公司要选出基本工资大于或等于 5000 元的员工，首先，选择员工工资表内容并单击“开始”→“排序和筛选”→“筛选”命令，即可看到每列添加了一个“ ”按钮；然后，单击“ ”按钮，再单击“数字筛选”→“大于或等于”命令，并填写 5000，即可得到 4 名基本工资大于或等于 5000 元的员工信息。如图 10.9～图 10.11 所示。

图 10.9 筛选（1）

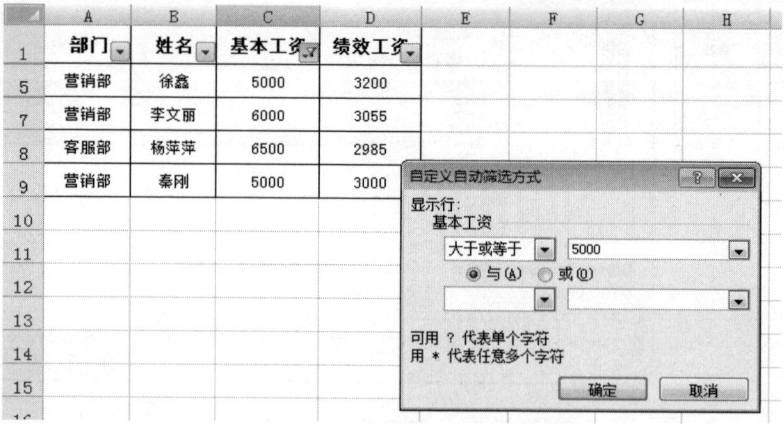

图 10.10 筛选（2）

	A	B	C	D
1	部门	姓名	基本工资	绩效工资
5	营销部	徐鑫	5000	3200
7	营销部	李文丽	6000	3055
8	客服部	杨萍萍	6500	2985
9	营销部	秦刚	5000	3000

图 10.11　筛选（3）

（3）数据透视。

数据透视是 Excel 非常强大的功能，它将筛选、排序和分类汇总等操作一起完成，生成汇总表格。在处理大量数据时，数据透视是一个非常好用的功能。

在薪酬核算中，如果数据量很大，可以使用数据透视表来进行汇总。数据透视表可以进行求和、计数等简单运算。

例如，某公司的销售人员按照回款额计算提成。该公司的销售人员每人负责几个不同的渠道，每个渠道的回款额数据和负责的销售人员信息如图 10.12 所示。首先，选中表格内容，并单击“插入”→“数据透视表”命令，即可弹出“创建数据透视表”对话框；然后，单击“确定”按钮，并勾选“姓名”和“回款额”复选框，即可得到一个行标签是“姓名”并按“姓名”显示每个销售人员的所有回款额（求和项）的透视表，如图 10.12～图 10.14 所示。最后，将每个销售人员的回款额乘以提成提点，即可得到每个销售人员的提成。

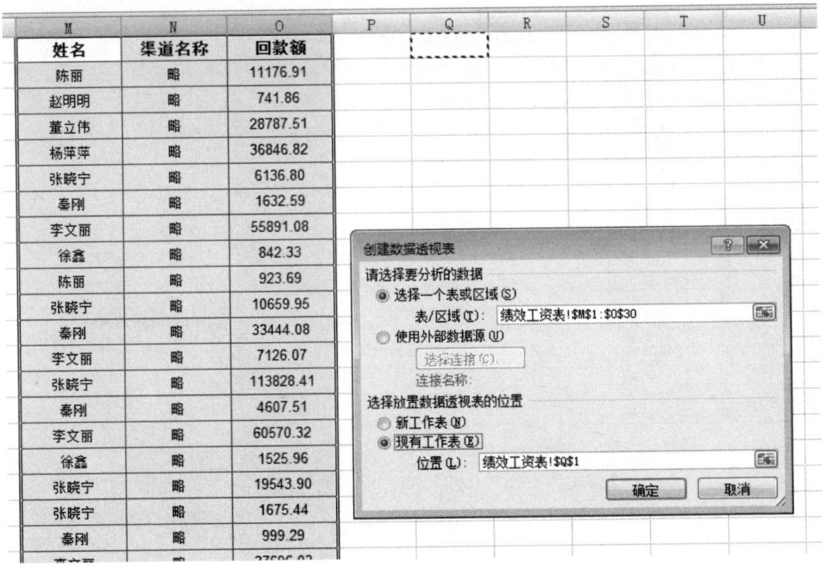

姓名	渠道名称	回款额
陈丽	略	11176.91
赵明明	略	741.86
董立伟	略	28787.51
杨萍萍	略	36846.82
张晓宁	略	6136.80
秦刚	略	1632.59
李文丽	略	55891.08
徐鑫	略	842.33
陈丽	略	923.69
张晓宁	略	10659.95
秦刚	略	33444.08
李文丽	略	7126.07
张晓宁	略	113828.41
秦刚	略	4607.51
李文丽	略	60570.32
徐鑫	略	1525.96
张晓宁	略	19543.90
张晓宁	略	1675.44
秦刚	略	999.29

图 10.12　数据透视（1）

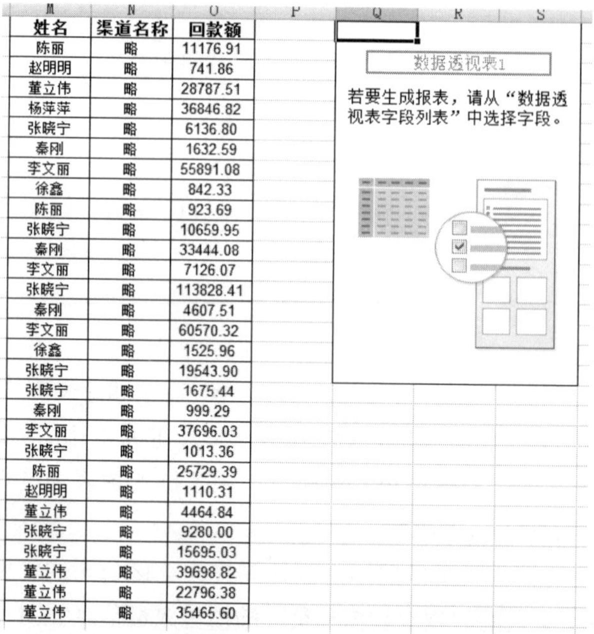

姓名	渠道名称	回款额
陈丽	略	11176.91
赵明明	略	741.86
董立伟	略	28787.51
杨萍萍	略	36846.82
张晓宁	略	6136.80
秦刚	略	1632.59
李文丽	略	55891.08
徐鑫	略	842.33
陈丽	略	923.69
张晓宁	略	10659.95
秦刚	略	33444.08
李文丽	略	7126.07
张晓宁	略	113828.41
秦刚	略	4607.51
李文丽	略	60570.32
徐鑫	略	1525.96
张晓宁	略	19543.90
张晓宁	略	1675.44
秦刚	略	999.29
李文丽	略	37696.03
张晓宁	略	1013.36
陈丽	略	25729.39
赵明明	略	1110.31
董立伟	略	4464.84
张晓宁	略	9280.00
张晓宁	略	15695.03
董立伟	略	39698.82
董立伟	略	22796.38
董立伟	略	35465.60

图 10.13 数据透视（2）

姓名	渠道名称	回款额
陈丽	略	11176.91
赵明明	略	741.86
董立伟	略	28787.51
杨萍萍	略	36846.82
张晓宁	略	6136.80
秦刚	略	1632.59
李文丽	略	55891.08
徐鑫	略	842.33
陈丽	略	923.69
张晓宁	略	10659.95
秦刚	略	33444.08
李文丽	略	7126.07
张晓宁	略	113828.41
秦刚	略	4607.51
李文丽	略	60570.32
徐鑫	略	1525.96
张晓宁	略	19543.90
张晓宁	略	1675.44
秦刚	略	999.29
李文丽	略	37696.03
张晓宁	略	1013.36
陈丽	略	25729.39
赵明明	略	1110.31
董立伟	略	4464.84
张晓宁	略	9280.00
张晓宁	略	15695.03
董立伟	略	39698.82
董立伟	略	22796.38
董立伟	略	35465.60

行标签	求和项:回款额
陈丽	37829.99
董立伟	131213.15
李文丽	161283.5
秦刚	40683.47
徐鑫	2368.29
杨萍萍	36846.82
张晓宁	177832.89
赵明明	1852.17
总计	589910.28

表 10.14 数据透视（3）

10.2.3 数据核算与检查

在核算与检查的过程中，HR 需要注意以下几点。

（1）保证原始数据正确，尤其是员工异动信息（新入职的员工需要新增、离职的员工需要删减、调岗调薪的员工需要修改），从而保证日期和薪酬标准正确。

（2）如果绩效薪酬政策有调整，要留意薪酬标准是否按照要求修改和执行了。

（3）尽量使用数据粘贴、公式计算，减少手工录入和计算，一方面可以节省时间，另一方面可以避免手工录入和计算所导致的错误。

（4）检查公式设置是否正确。如果上下公式有差异，重点检查下拉时是否有错位的情况发生。

（5）重名的员工容易混淆出错。建议企业对员工进行编号，用工号进行查找、核算等，以避免出错。

（6）一般在员工工资核算完成时都有合计项。如果金额有很大变动，则需要重新检查是否有错误。

（7）汇总表的工资与上月工资进行对比，与上月金额差异较大者，需检查是否有错误。

（8）对于某些特殊项目，如扣款或奖励，要检查备注，确保这些项目有审批依据。

10.2.4 工资审批及发放流程

在月度工资核算完毕后，HR 会提交部门经理进行审核。如果审核无误，则部门经理会提交总经理或分管副总审批。总经理和高管层关注的重点包括人工成本的变化、变化的来源、某些关键岗位员工的薪酬水平（是否合理，是否需要调薪）、是否需要控制人工成本等。

在总经理审核完工资明细表后，人力资源部会将工资明细表发送给财务部（有些企业是人力资源部将做好的工资明细表先发给财务复核，由财务部和总经理作最终确认），全部确认完毕后，财务部出纳将工资明细表拷盘，并由银行代发工资。之后，财务部打印工资明细表，编制记账凭证。

有些企业的工资是现金发放，这时要注意必须要求领款员工本人或代领人签名确认。

【财务小知识】单位银行结算账户

目前大多数企业选择银行代发工资，以图方便快捷。根据我国《人民币银行结算账户管理办法》，银行结算账户按照存款人类别分为单位银行结算账户和个人银行结算账户。关于单位银行结算账户有以下规定。

存款人以单位名称开立的银行结算账户为单位银行结算账户。单位银行结算账户按照用途分为基本存款账户、一般存款账户、专用存款账户和临时存款账户。

（1）基本存款账户：单位银行结算账户的存款人只能在银行开立一个基本存款账户。基本存款账户是存款人因办理日常转账结算和现金收付需要而开立的银行结算账户。

（2）一般存款账户：存款人因借款或其他结算需要，在基本存款账户开户银行以外的银行营业机构开立的银行结算账户。

基本存款账户可以发放现金工资，正常情况下只有基本存款账户才能提现。如果需要办理批量转账代发工资，则基本存款账户或一般存款账户都可以。

（3）专用存款账户：存款人按照法律、行政法规和规章，对其特定用途资金进行专项管理和使用而开立的银行结算账户。与薪酬相关的专用存款账户有住房公积金、社会保障基金等专款专用账户。

（4）临时存款账户：存款人因临时需要并在规定期限内使用而开立的银行结算账户。

第 11 章
薪酬管理中的法律要点

在薪酬管理中，HR 需要特别注意一些法律要点，以保证薪酬管理的过程合法合规。

11.1　特殊情况下各种“金”的算法

特殊情况下的各种“金”，主要包括竞业限制经济补偿金、专项培训协议违约金、员工离职经济补偿金、员工离职经济赔偿金。

虽然这些“金”并不属于薪酬范围，但在实际工作中，HR 常常涉及这部分计算。对于 HR 来说，了解和掌握特殊情况下各种“金”的法律规定和计算方法，是十分必要的。

11.1.1　竞业限制经济补偿金

竞业限制是指负有保守用人单位商业秘密的劳动者在终止或解除劳动合同后，一定期限内不得在生产同类产品、经营同类业务或有其他竞争关系的用人单位任职，也不得自己生产与原单位有竞争关系的同类产品或经营同类业务的限制。

对于离职职工来说，必须遵守事先签订的竞业限制协议中的约定，而竞业限制协议的签订一般要以用人单位支付一定的补偿金为代价。

关于竞业限制经济补偿金，需要注意以下几点。

（1）适用人群：高级管理、技术人员和其他有保密义务的人员。

（2）支付时间和期限：终止或者解除劳动合同后，期限不得超过两年。

（3）支付标准和形式：法律法规并没有明确规定，可以约定支付标准和形式。如果在劳动合同或者保密协议中约定了竞业限制，但未约定解除或者终止劳动合同后的经济补偿金，劳动者履行了竞业限制义务，可以要求用人单位按照劳动者在劳动合同解除或终止前十二个月平均工资的30%按月支付经济补偿金，月平均工资的30%低于劳动合同履行地最低工资标准的，按照劳动合同履行地最低工资标准支付。

《中华人民共和国劳动合同法》第二十三条和第二十四条的内容如下。

第二十三条　用人单位与劳动者可以在劳动合同中约定保守用人单位的商业秘密和与知识产权相关的保密事项。

对负有保密义务的劳动者，用人单位可以在劳动合同或者保密协议中与劳动者约定竞业限制条款，并约定在解除或者终止劳动合同后，在竞业限制期限内按月给予劳动者经济补偿。劳动者违反竞业限制约定的，应当按照约定向用人单位支付违约金。

第二十四条　竞业限制的人员限于用人单位的高级管理人员、高级技术人员和其他负有保密义务的人员。竞业限制的范围、地域、期限由用人单位与劳动者约定，竞业限制的约定不得违反法律、法规的规定。

在解除或者终止劳动合同后，前款规定的人员到与本单位生产或者经营同类产品、从事同类业务的有竞争关系的其他用人单位，或者自己开业生产或者经营同类产品、从事同类业务的竞业限制期限，不得超过二年。

《最高人民法院关于审理劳动争议案件适用法律若干问题的解释（四）》第六条、第七条、第八条、第九条和第十条的内容如下。

第六条　当事人在劳动合同或者保密协议中约定了竞业限制，但未约定解除或者终止劳动合同后给予劳动者经济补偿，劳动者履行了竞业限制义务，要求用人单位按照劳动者在劳动合同解除或者终止前十二个月平均工资的30%按月支付经济补偿的，人民法院应予支持。

前款规定的月平均工资的30%低于劳动合同履行地最低工资标准的，按照劳动合同履行地最低工资标准支付。

第七条　当事人在劳动合同或者保密协议中约定了竞业限制和经济补偿，当事人解除劳动合同时，除另有约定外，用人单位要求劳动者履行竞业限制义务，或者劳动者履行了竞业限制义务后要求用人单位支付经济补偿的，人民法院应予支持。

第八条　当事人在劳动合同或者保密协议中约定了竞业限制和经济补偿，劳动合同解除或者终止后，因用人单位的原因导致三个月未支付经济补偿，劳动者请求解除竞业限制约定的，人民法院应予支持。

第九条 在竞业限制期限内，用人单位请求解除竞业限制协议时，人民法院应予支持。

在解除竞业限制协议时，劳动者请求用人单位额外支付劳动者三个月的竞业限制经济补偿的，人民法院应予支持。

第十条 劳动者违反竞业限制约定，向用人单位支付违约金后，用人单位要求劳动者按照约定继续履行竞业限制义务的，人民法院应予支持。

11.1.2 专项培训协议违约金

如果用人单位向劳动者提供专项培训费用，而劳动者违反服务期约定的，应当支付违约金。例如，某企业为员工小汪提供专项培训费用 20 000 元，并约定服务期为两年。小汪在服务期满一年后辞职，小汪需向企业支付违约金 10 000 元。

关于专项培训协议违约金，需要注意以下几点。

（1）期限：按照约定的服务期。

（2）支付标准：不得超过用人单位提供的培训费用，且不能超过服务期尚未履行部分所应分摊的培训费用。

（3）员工主动提出解除劳动合同：一般情况下，员工主动提出解除劳动合同，需要支付违约金。但员工根据《中华人民共和国劳动合同法》第三十八条规定的情况主动提出解除劳动合同，不受服务期约束，不需要支付任何违约金。详见《中华人民共和国劳动合同法》相关法律规定。

（4）用人单位提出解除劳动合同：一般情况下，用人单位提出解除劳动合同，员工是不需要支付违约金的。但根据《中华人民共和国劳动合同法实施条例》第二十六条的规定，劳动者需要支付违约金。详见《中华人民共和国劳动合同法实施条例》相关法律规定。

《中华人民共和国劳动合同法》第二十二条和第三十八条的内容如下。

第二十二条 用人单位为劳动者提供专项培训费用，对其进行专业技术培训的，可以与该劳动者订立协议，约定服务期。

劳动者违反服务期约定的，应当按照约定向用人单位支付违约金。违约金的数额不得超过用人单位提供的培训费用。用人单位要求劳动者支付的违约金不得超过服务期尚未履行部分所应分摊的培训费用。

用人单位与劳动者约定服务期的，不影响按照正常的工资调整机制提高劳动者在服务期期间的劳动报酬。

第三十八条　用人单位有下列情形之一的，劳动者可以解除劳动合同：

（一）未按照劳动合同约定提供劳动保护或者劳动条件的；

（二）未及时足额支付劳动报酬的；

（三）未依法为劳动者缴纳社会保险费的；

（四）用人单位的规章制度违反法律、法规的规定，损害劳动者权益的；

（五）因本法第二十六条第一款规定的情形致使劳动合同无效的；

（六）法律、行政法规规定劳动者可以解除劳动合同的其他情形。

用人单位以暴力、威胁或者非法限制人身自由的手段强迫劳动者劳动的，或者用人单位违章指挥、强令冒险作业危及劳动者人身安全的，劳动者可以立即解除劳动合同，不需事先告知用人单位。

《中华人民共和国劳动合同法实施条例》第十六条和第二十六条的内容如下。

第十六条　劳动合同法第二十二条第二款规定的培训费用，包括用人单位为了对劳动者进行专业技术培训而支付的有凭证的培训费用、培训期间的差旅费用以及因培训产生的用于该劳动者的其他直接费用。

第二十六条　用人单位与劳动者约定了服务期，劳动者依照劳动合同法第三十八条的规定解除劳动合同的，不属于违反服务期的约定，用人单位不得要求劳动者支付违约金。

有下列情形之一，用人单位与劳动者解除约定服务期的劳动合同的，劳动者应当按照劳动合同的约定向用人单位支付违约金：

（一）劳动者严重违反用人单位的规章制度的；

（二）劳动者严重失职，营私舞弊，给用人单位造成重大损害的；

（三）劳动者同时与其他用人单位建立劳动关系，对完成本单位的工作任务造成严重影响，或者经用人单位提出，拒不改正的；

（四）劳动者以欺诈、胁迫的手段或者乘人之危，使用人单位在违背真实意思的情况下订立或者变更劳动合同的；

（五）劳动者被依法追究刑事责任的。

11.1.3　员工离职经济补偿金

员工离职经济补偿金是指在劳动合同解除或终止后，用人单位依法一次性支付给劳动者的经济补助。它的作用是补偿劳动者由于劳动关系终止而带来的经济损失。设置员工离职经济补偿金，可以帮助劳动者在找到下一份工作前有一个良好的经济过渡。

1. 员工离职经济补偿金标准

员工离职经济补偿金是按照劳动者在本单位工作的年限，每满一年支付一个月工资的标准向劳动者支付。六个月及以上不满一年的，按一年计算；不满六个月的，向劳动者支付半个月工资的经济补偿。即经济补偿金 = 基数 × 补偿年限。

例如，某企业员工小张，入职时间为 8 个月。由于小张入职后不能胜任岗位工作，且经过培训，仍不能胜任岗位工作，所以企业提前三十日书面通知小张需要离职。此时，企业应支付给小张的离职经济补偿金为：5000×1（年）=5000 元（入职六个月以上不满一年，按一年计算，工资基数按照 8 个月的平均工资 5000 元计算）。

劳动者月工资高于用人单位所在直辖市、设区的市级人民政府公布的本地区上年度职工月平均工资三倍的，向其支付经济补偿的标准按职工月平均工资三倍的数额支付，向其支付经济补偿的年限最高不超过十二年。

月工资是指劳动者在劳动合同解除或者终止前十二个月的平均工资。

《中华人民共和国劳动合同法》中与经济补偿金相关的内容如下。

第四十六条　有下列情形之一的，用人单位应当向劳动者支付经济补偿：

（一）劳动者依照本法第三十八条 规定解除劳动合同的；

（二）用人单位依照本法第三十六条 规定向劳动者提出解除劳动合同并与劳动者协商一致解除劳动合同的；

（三）用人单位依照本法第四十条 规定解除劳动合同的；

（四）用人单位依照本法第四十一条 第一款规定解除劳动合同的；

（五）除用人单位维持或者提高劳动合同约定条件续订劳动合同，劳动者不同意续订的情形外，依照本法第四十四条 第一项规定终止固定期限劳动合同的；

（六）依照本法第四十四条第四项、第五项规定终止劳动合同的；

（七）法律、行政法规规定的其他情形。

第三十八条　用人单位有下列情形之一的，劳动者可以解除劳动合同：

（一）未按照劳动合同约定提供劳动保护或者劳动条件的；

（二）未及时足额支付劳动报酬的；

（三）未依法为劳动者缴纳社会保险费的；

（四）用人单位的规章制度违反法律、法规的规定，损害劳动者权益的；

（五）因本法第二十六条 第一款规定的情形致使劳动合同无效的；

（六）法律、行政法规规定劳动者可以解除劳动合同的其他情形。

用人单位以暴力、威胁或者非法限制人身自由的手段强迫劳动者劳动的，或者用人单位违章指挥、强令冒险作业危及劳动者人身安全的，劳动者可以立即解除劳动合同，不需事先告知用人单位。

第二十六条　下列劳动合同无效或者部分无效：

（一）以欺诈、胁迫的手段或者乘人之危，使对方在违背真实意思的情况下订立或者变更劳动合同的。

第三十六条　用人单位与劳动者协商一致，可以解除劳动合同。

第四十条　有下列情形之一的，用人单位提前三十日以书面形式通知劳动者本人或者额外支付劳动者一个月工资后，可以解除劳动合同：

（一）劳动者患病或者非因工负伤，在规定的医疗期满后不能从事原工作，也不能从事由用人单位另行安排的工作的；

（二）劳动者不能胜任工作，经过培训或者调整工作岗位，仍不能胜任工作的；

（三）劳动合同订立时所依据的客观情况发生重大变化，致使劳动合同无法履行，经用人单位与劳动者协商，未能就变更劳动合同内容达成协议的。

第四十一条　有下列情形之一，需要裁减人员二十人及以上，或者裁减不足二十人但占企业职工总数百分之十以上的，用人单位提前三十日向工会或者全体职工说明情况，听取工会或者职工的意见后，裁减人员方案经向劳动行政部门报告，可以裁减人员：

（一）依照企业破产法规定进行重整的；

（二）生产经营发生严重困难的；

（三）企业转产、重大技术革新或者经营方式调整，经变更劳动合同后，仍需裁减人员的；

（四）其他因劳动合同订立时所依据的客观经济情况发生重大变化，致使劳动合同无法履行的。

第四十四条　有下列情形之一的，劳动合同终止：

（一）劳动合同期满的；

（四）用人单位被依法宣告破产的；

（五）用人单位被吊销营业执照、责令关闭、撤销或者用人单位决定提前解散的。

第四十七条　经济补偿按劳动者在本单位工作的年限，每满一年支付一个月工资的标准向劳动者支付。六个月及以上不满一年的，按一年计算；不满六个月的，向劳动者支付半个月工资的经济补偿。

劳动者月工资高于用人单位所在直辖市、设区的市级人民政府公布的本地区上年度职工月平均工资三倍的，向其支付经济补偿的标准按职工月平均工资三倍的数额支付，向其支付经济补偿的年限最高不超过十二年。

本条所称月工资是指劳动者在劳动合同解除或者终止前十二个月的平均工资。

2. 员工离职经济补偿金如何缴税

员工离职经济补偿金的缴税按照《财政部 税务总局关于个人所得税法修改后有关优惠政策衔接问题的通知》（财税〔2018〕164号）执行。个人与用人单位解除劳动关系取得一次性补偿收入（包括用人单位发放的经济补偿金、生活补助费和其他补助费），在当地上年职工平均工资三倍数额以内的部分，免征个人所得税；超过三倍数额的部分，不并入当年综合所得，单独适用综合所得税率表，计算纳税。

11.1.4 员工离职经济赔偿金

员工离职经济赔偿金是用人单位或员工因违反法律规定或违反合同约定，造成对方经济损失而支付的赔偿。员工离职经济赔偿金与员工离职经济补偿金不同，员工离职经济赔偿金是对过错方的惩罚，且是双向的，既有企业向员工赔偿，也有员工向企业赔偿。绝大多数的情况下，企业是过错方，由企业向员工支付赔偿金。

1. 员工离职经济赔偿金标准

员工离职经济赔偿金的标准是员工离职经济补偿金的两倍。即员工离职经济赔偿金 = 员工离职经济补偿金 ×2。例如，小赵进入C公司已经5年零3个月。因直接上级变动，新来的直接上级与小赵关系不和，C公司HR以小赵不胜任岗位为由，提前解除公司与小赵的劳动合同。这种情况属于违法解聘，小赵可以依法要求继续履行劳动合同，或者C公司支付员工离职经济赔偿金。员工离职经济赔偿金金额为：6000×5.5（年）×2=66 000元（小赵前12个月的月平均工资为6000元）。

《中华人民共和国劳动合同法》第四十八条和第八十七条的内容如下。

第四十八条　用人单位违反本法规定解除或者终止劳动合同，劳动者要求继续履行劳动合同的，用人单位应当继续履行；劳动者不要求继续履行劳动合同或者劳动合同已经不能继续履行的，用人单位应当依照本法第八十七条规定支付赔偿金。

第八十七条　用人单位违反本法规定解除或者终止劳动合同的，应当依照本法第四十七条规定的经济补偿标准的二倍向劳动者支付赔偿金。

2. 员工离职经济赔偿金如何缴税

员工离职经济赔偿金按照与员工离职经济补偿金相同的标准缴纳个人所得税。

【易混淆知识点】N、N+1、2N

很多HR分不清员工离职经济补偿金、员工离职经济赔偿金中N、N+1、2N的区别，还有的HR认为有2N+1的情况。下面对上述情况进行区分。

（1）员工离职经济补偿金（通常说的N）：《中华人民共和国劳动合同法》第

四十六条中符合条件的给予员工离职经济补偿金。

（2）代通知金（通常说的 +1）：《中华人民共和国劳动合同法》第四十条中符合条件的给予代通知金（+1）。

（3）员工离职经济赔偿金（通常说的 2N）：《中华人民共和国劳动合同法》第八十七条规定。

很多人认为，用人单位违法解除劳动合同，应该支付 2N+1 的工资，其实这种看法是错误的。2N 适用于用人单位非法解除劳动合同，是赔偿性质，即对用人单位这种错误行为带有惩罚性质；而 N、N+1 是合法解除，是对解除劳动合同的员工的一种补偿。不存在“2N+1”的适用条件和操作情况。

11.2 薪酬核算和发放中的注意事项

员工对薪酬是非常关注的，这需要进行薪酬核算和发放的工作人员对待工作要认真、周全和耐心。在这个过程中，HR 常常会遇到一些棘手的问题。比如，薪酬核算错误造成员工“兴师问罪”，薪酬信息泄露造成员工四处打听、攀比，劳动规章制度制定得不合理、不合法造成与薪酬相关的劳动争议甚至仲裁等。本节介绍处理这些问题时的注意事项。

11.2.1 薪酬核算或发放错误如何处理

大多数企业的工资都由银行代发。HR 最头疼的事就是每到工资发放日，员工收到工资短信或工资条后，向自己“问罪”。尤其是基层员工，其工资水平不高，所以对工资更加看重，即使与上月相比，有一点出入都会非常关注。在这种情况下，HR 可以通过以下做法进行弥补。

（1）找到错误处，和员工做出解释，同时明确告知员工“多退少补”的时间，尽快更正过来。

（2）记录下错误的地方，以后检查的时候多注意。

（3）如果遇到社会保险、住房公积金调整缴费基数时，提前通知员工。

（4）将薪酬核算的方法在薪酬管理制度中写明，便于员工了解工资计算方法，减少疑惑。

11.2.2 如何做到“薪酬保密”

很多企业都实行薪酬保密制度。薪酬保密制度能够限制员工谈论工资，从而减少员工之间互相攀比、嫉妒等行为，有利于营造员工之间和谐的氛围。虽然很多企业有薪酬保密制度，但不少企业执行得不好。如何更好地做到“薪酬保密”呢？以下做法供 HR 参考借鉴。

（1）新员工入职签订劳动合同的同时签订《薪酬保密协议》。

（2）制定《薪酬保密制度》，在该制度中，可以将“泄露薪酬信息的行为”界定为“严重违反公司管理的行为”。《中华人民共和国劳动法》第二十五条规定“严重违反劳动纪律或者用人单位规章制度的，用人单位可以解除劳动合同”。这里需要注意，制度的出台必须合法，必须要有严格的民主程序，并需要进行公示和必要宣贯（比如进行培训学习签字等）。制度的内容必须明确指出哪些薪酬信息泄露的行为被界定为“严重违反公司管理制度的行为”，不能含糊不清。比如：将个人工资的详细数据告诉他人；主动打听他人工资的具体数额、详细构成、加薪金额；在公开场合谈论、传播工资的信息。

（3）提高薪酬信息相关人员的保密意识。与薪酬信息相关的人员主要有薪酬专员 / 经理、人力资源负责人、招聘专员 / 经理、财务人员及公司领导等。除了基本的保密意识和行为，还要妥善保管印有工资的文件，对工资表电子文档做好加密等。

（4）对于违反薪酬保密规定的行为，按照规定进行处罚，保证制度的严肃性。

11.2.3 如何避免因薪酬产生劳动纠纷

因薪酬产生劳动纠纷主要有以下几种情况：企业未按时发放工资或故意拖延；不支付加班工资或少支付加班工资；随意扣减工资；社会保险、住房公积金未按时缴纳或未足额缴纳；企业未按规定安排员工法定休假；考勤打卡有争议。

对于企业来说，一方面要控制成本，尤其是近年来人工成本越来越高，企业压力较大；另一方面，企业的各项规定和操作必须符合国家法律法规的规定。如何在合法、合规的前提下降低人工成本，避免劳动纠纷，对于企业的 HR 来说，是一项不小的挑战。

从整体来看，可以从以下几个方面入手。

1. 合理安排工作时间

（1）选择合适的工时制度。

加班工资的计算方法和选择的工时制度有关，不同工时制度对应的计算方法不同。企业可以根据实际情况，针对不同类别的岗位选定合适的工时制，这样可以有效控制加班工资。

（2）制定加班申请审批制度。

例如，某企业员工下班后不离开公司，而是在公司内上网、玩游戏。该员工在离职后，却跑去仲裁机构，要求企业支付其“加班费”。

为避免上述个别“奇葩员工”的“奇葩行为”，企业 HR 一定要完善加班制度。加班情况分为两种：一种是公司安排，员工同意；一种是员工申请加班，公司批准。HR 应该根据企业实际情况，制定加班管理制度。为避免争议，可以规定所有加班必须有加班流程（事出突然的，加班后应补走流程）。加班申请由员工发起，加班申请单中应写明加班申请理由、加班时间等，经部门负责人 / 上级审批确认后，由人力资源部备案。

加班申请审批制度，对考勤记录是一种确认和制约。如果员工发生上述“奇葩行为”，即使下班时间超过法定工作时间，但未按照加班制度进行申请和审批的超时不视为加班，企业无须支付加班工资（加班费），这样就有效规避了风险。

《中华人民共和国劳动法》第四十一条和第四十二条的内容如下。

第四十一条　用人单位由于生产经营需要，经过工会和劳动者协商后可以延长工作时间，一般每日不得超过一小时；因特殊原因需要延长工作时间的，在保障劳动者身体健康的条件下延时工作时间每日不得超过三小时，但是每月不得超过三十六小时。

第四十二条　有下列情形之一的，延长工作时间不受本法第四十一条规定的限制：

（一）发生自然灾害、事故或者因其他原因，威胁劳动者生命健康和财产安全，需要紧急处理的；

（二）生产设备、交通运输路线、公共设施发生故障，影响生产和公众利益，必须及时抢修的；

（三）法律、行政法规规定的其他情形。

2. 相关文件妥善保管

考勤记录、工资支付凭证一定要制作完备，妥善保管。如果发生仲裁，则这两项证据是要由用人单位提供的。如果无法提供或者拒不提供，则需要承担可能的不利后果。建议HR将离职人员的相关资料保存两年，或者至少一年。根据《中华人民共和国劳动争议调解仲裁法》第二十七条仲裁时效的规定，劳动关系终止的，应当自劳动关系终止之日起一年内提出。

3. 工资表签字确认

由于办公无纸化的推广，很多公司的考勤记录、工资表都通过OA、邮箱等发放确认。但电子信息证据的可信度，在法律来看，是不如纸版的签名的（法官可能会认为电子化证据的管理权限在用人单位，有篡改的可能，所以有可能不予采信）。

如果实际条件允许，最好让员工本人在考勤记录和工资条上签字确认。注意，一定是员工本人签字。

4. 制度合法

无论是考勤管理制度、薪酬管理制度，还是企业制定的所有和员工相关的制度都应遵循三个原则：一是内容合法、合理，二是走民主程序，三是要依法公示。

（1）内容合法、合理。

企业制定的所有规章制度要合法，不能违反现行的法律法规，同时还要合理。比如，条款“员工上班时睡觉，公司有权解除劳动合同，并不给予任何补偿和赔偿”就是不合理的（过于严苛）。

（2）走民主程序。

走民主程序，即规章制度要由公司工会参与制定，或者召开全体职工大会或职工代表大会通过。规章制度形成的民主程序如图11.1所示。

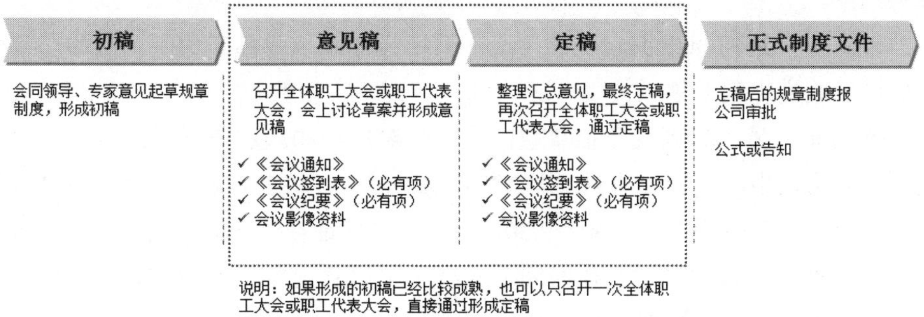

图11.1　规章制度形成的民主程序

（3）依法公示。

公示的方式有很多种，如公告栏公示、网站公示、培训、印刷成册发放、考试、会议宣贯、邮件通知、将规章制度作为劳动合同的附件、表单文书确认等。这些方法中，比较常用和好用的方法有培训、印刷成册发放、会议宣贯。但是要注意，不管哪种方式，都要保留公示证据。比如，培训、会议要有签到表，发放制度手册要有确认的签字等。

《企业民主管理规定》第八条和第九条的内容如下。

第八条　企业可以根据职工人数确定召开职工代表大会或者职工大会。

企业召开职工代表大会的，职工代表人数按照不少于全体职工人数的百分之五确定，最少不少于三十人。职工代表人数超过一百人的，超出的代表人数可以由企业与工会协商确定。

第九条　职工代表大会的代表由工人、技术人员、管理人员、企业领导人员和其他方面的职工组成。其中，企业中层以上管理人员和领导人员一般不得超过职工代表总人数的百分之二十。有女职工和劳务派遣职工的企业，职工代表中应当有适当比例的女职工和劳务派遣职工代表。

5. 多种方法并用

（1）用“不奖”代替“惩罚”，用合理的制度代替“惩罚”。

从心理层面来说，惩罚带给人的心理“损失感”较大。一般情况下，员工对于直接惩罚的接受度较低，容易造成员工和企业之间的矛盾，甚至产生劳动争议。HR把握住员工的这个心理，完全可以多想办法，用“不奖”代替“惩罚”。这样一来，既可以让制度发挥应有的作用，又可以避免和减少劳资纠纷和争议。

比如，要减少员工“迟到”的现象，可以采取迟到扣款的惩罚，也可以设立“全勤奖”，鼓励员工不迟到。如果员工迟到，就得不到“全勤奖”，这对员工的行为也是一种约束。

当然，企业还可以根据自身的情况，采用弹性或小弹性工作制。例如，某企业以前的考勤制度规定上午8:30为上班时间，迟到一次扣款20元。由于城市较大，早高峰经常堵车，员工迟到现象很普遍，使员工对这种扣款怨声载道。每到核对考勤的时候，常常发生部门领导找HR说情的现象。后来，该公司HR将考勤制度进行了修订，将上班时间改为上午8:00～9:30，员工只要保证在公司时长为9小时（包括午休1小时）即可。这种弹性工作时间大大减少了迟到现象，不仅没有影响公司的正常运转，还提高了员工的满意度。

HR应该意识到，引导员工的行为不一定只有惩罚手段，还可以多想想其他正面、积极的方法。

（2）负面惩罚采用分级的方法。

对于员工违反规章制度的行为，有些企业采用分级这样循序渐进的方法，效果也比较好。

比如，某企业针对员工的某些行为采用书面提醒的方式。如果某员工月度累计迟到五次，人力资源部会给该员工邮箱发送一封“善意提醒函”邮件，说明情况并附证明。月度累计收到“善意提醒函”两次，影响考核结果（同时影响绩效工资或奖金）；年度累计收到“善意提醒函”三次，影响年终奖的发放；年度累计收到“善意提醒函”五次，取消年度调薪、晋升资格；年度累计收到“善意提醒函”七次，给予严重警告，公司将不续签劳动合同；年度累计收到“善意提醒函”十次，解除劳动合同。这种操作既避免了直接经济处罚，减少了直接矛盾，又把违反规章制度与收入及晋升发展机会联系了起来，起到约束的作用。

11.2.4 遇到公司薪酬管理不合规怎么办

随着法律法规的影响越来越深入，从整个大环境来看，企业的薪酬管理和各项日常管理越来越规范，越来越合法。但不可否认的是，仍然有不少公司（尤其是小型公司），在薪酬管理中存在不少不合法、不合规的现象。那么，HR 遇到这种情况应该怎么办呢？

1. 与各部门保持工作沟通，潜移默化地去“影响”

在实际操作中，HR 要多和各部门保持联系，让各部门看到和理解人力资源部的工作。在影响上，HR 也可以多一点“小心机”。比如，当某部门员工劳动合同快到期时，可以在续签合同前，给部门负责人发送邮件征询其意见，并在邮件中附上相关法律法规和可能遇到的风险，也是潜移默化地影响公司管理。

2. 多用培训去影响

HR 可以定期或不定期地开展人力资源方面的培训，尤其是针对部门负责人层级。比如，HR 把《非人力资源的人力资源管理》课程定为中层管理人员的培训必修项目。在培训过程中，培训教师应多举案例、多普法，让中高层意识到企业在业务做大做强的过程中，对人力资源的风险管控必须重点关注。

3. 利用劳动仲裁去影响

一旦发生劳动仲裁，HR 应该做到不要畏惧。HR 可以将劳动仲裁看成一个反思人力资源工作和完善制度流程的“机会”。如果企业在实际人力资源操作中真的有不合法的地方，HR 一定要借此“机会”，让老板和高层看到实际风险可能带来的直接损失、间接损失和不良影响。

4. 和法务、财务协同影响

HR 要主动和法务、财务人员多沟通，争取互相理解。在遇到问题时，只有通过几个部门的协同工作找到解决问题的最佳方案，互相借力，才能事半功倍。

11.3 【延伸知识】HR 应知应会的财务知识点

俗话说“人财不分家”，了解基本的财务知识，不仅有助于 HR 理解业务，并与业务部门和财务部门更顺畅地沟通，也有助于 HR 理解公司盈利方式和业务模式，从而更好地支持业务。那么，HR 需要了解哪些财务知识呢？

11.3.1 基础会计知识

会计类似于一门语言。反映企业财务状况的会计语言主要包括 3 方面，即资产、负债和所有者权益。上述三者的关系体现在公式上为：资产 = 负债 + 所有者权益。

HR 要大致清楚所在企业的资产构成。不同行业的企业，其资产构成差异很大。而负债意味着存在经营风险，但对于现代企业来说，适当的负债可以为企业快速发展提供资金。

反映企业经营成果的会计语言也包括 3 方面，即收入、费用和利润。上述三者的关系体现在公式上为：利润 = 收入 - 费用。这部分是企业经营者最为关心的，也是 HR 可以有所作为的部分。

收入，是指企业业务所产生的收益，是企业销售产品、提供劳务所发生和将要发生的现金流入和债务的清偿。一般可以分为营业收入（主营业务收入和其他业务收入）、对外投资收益和营业外收入。一般来说，公司的主营业务是收入的主要来源。

很多 HR 分不清成本和费用的区别。实际上，凡与本企业生产经营相关的支出部分都表现或转化为费用。按照与产品生产的关系，可将费用划分为生产成本和期间费用。简单来说，生产成本是生产过程中为制造产品而发生的成本耗费，包括直接材料、直接人工和制造费用。除此之外，还有一些非生产业务的耗费，如销售费用、管理费用和财务费用。在财务工作中，会计人员会把招聘、培训产生的费用计入管理费用科目；而应付员工薪酬可能会按照部门类别计入不同的科目。需要注意的是，这和我们通常意义所说的“人力成本”不太一样。

11.3.2　三张财务报表

三张财务报表是指资产负债表、利润表和现金流量表。

资产负债表反映了企业在某一特定时期内的资产、负债、所有者权益等财务状况。通过资产负债表，可以了解企业资产及其分布、所承担的债务及其偿还时间、净资产及其形成原因和企业财务发展状况趋势。

【示例】资产负债表

青岛海尔股份有限公司 2017 年第三季度资产负债表（节选部分）如图 11.2 所示。

单位：元　币种:人民币　审计类型：未经审计

项目	期末余额	年初余额
流动资产：		
货币资金	32,161,405,575.63	23,582,239,011.20
结算备付金		
拆出资金		
以公允价值计量且其变动计入当期损益的金融资产	23,099,285.52	80,432,384.17
衍生金融资产		
应收票据	13,613,608,437.38	13,796,561,238.05
应收账款	14,080,769,417.93	12,265,195,443.40
预付款项	636,516,972.75	592,510,116.61
应收保费		
应收分保账款		
应收分保合同准备金		
应收利息	197,782,711.00	135,319,774.41
应收股利	4,524,472.84	101,648,913.10
其他应收款	1,162,772,967.81	1,180,418,052.75
买入返售金融资产		
存货	16,662,708,886.43	15,284,904,331.04
划分为持有待售的资产		
一年内到期的非流动资产		
其他流动资产	3,492,482,010.38	2,657,462,188.89
流动资产合计	82,035,670,737.67	69,676,691,453.62
非流动资产：		
发放贷款和垫款		
可供出售金融资产	1,529,297,430.03	1,555,878,717.05
持有至到期投资		
长期应收款		

图 11.2　青岛海尔股份有限公司 2017 年第三季度资产负债表（节选部分）

（资料来源：《青岛海尔股份有限公司 2017 年第三季度报告》）

利润表，又称损益表，通过它可以了解企业在一定时期（月份、季度、年度）内的经营成果。利润表还有一个附表，叫作利润分配表，它反映了企业在一定时期内对净利润的分配或亏损的弥补情况。

【示例】利润表

青岛海尔股份有限公司2017年第三季度利润表（节选部分）如图11.3所示。

单位：元　币种:人民币　审计类型：未经审计

项目	本期金额（7-9月）	上期金额（7-9月）	年初至报告期期末金额（1-9月）	上年年初至报告期期末金额（1-9月）
一、营业总收入	41,613,863,654.10	35,580,735,659.68	119,189,613,634.20	84,367,342,584.55
其中：营业收入	41,613,863,654.10	35,580,735,659.68	119,189,613,634.20	84,367,342,584.55
利息收入				
已赚保费				
手续费及佣金收入				
二、营业总成本	40,468,513,665.59	34,713,999,575.68	113,364,284,425.92	80,118,843,110.38
其中：营业成本	29,397,273,551.20	25,171,204,780.30	83,552,179,384.59	59,846,936,854.72
利息支出				
手续费及佣金支出				
退保金				
赔付支出净额				
提取保险合同准备金净额				
保单红利支出				
分保费用				
税金及附加	269,212,903.89	117,023,348.43	614,599,237.19	288,720,266.70
销售费用	8,086,931,744.23	6,671,957,919.30	21,024,447,698.61	13,365,034,255.10
管理费用	2,324,987,511.75	2,634,371,111.57	6,948,695,908.26	6,177,453,643.25
财务费用	378,794,177.81	144,920,254.93	990,471,459.74	269,989,263.40
资产减值损失	11,313,776.71	-25,477,838.85	233,890,737.53	170,708,827.21
加：公允价值变动收益（损失以"—"号填列）	114,188,419.25	78,690,919.90	526,252,264.40	-103,567,238.94
投资收益（损失以"—"号填列）	318,580,844.17	308,359,351.21	972,423,558.52	1,337,553,151.05

图11.3　青岛海尔股份有限公司2017年第三季度利润表（节选部分）

（资料来源：《青岛海尔股份有限公司2017年第三季度报告》）

现金流量表反映了公司在一定时期内，如年度现金流入和流出的具体情况。在现金流量表里，不仅有现金流入量、流出量和净流量数据，而且为了满足管理上的需要，还针对企业的所有活动进行了细致分类（经营活动、投资活动和筹资活动）。对于一般企业而言，销售产品或服务所产生的现金是最主要的现金流入项目。在实际操作中，由于 HR 未能深入理解现金流的重要性，可能会制订出不符合实际的人力资源方案。现金流在企业管理中具有非常重要的地位，它通常被视为企业是否健康运行的标志。

【示例】现金流量表

青岛海尔股份有限公司 2017 年第三季度现金流量表（节选部分）如图 11.4 所示。

单位：元　币种：人民币　审计类型：未经审计

项目	年初至报告期期末金额（1-9 月）	上年年初至报告期期末金额（1-9 月）
一、经营活动产生的现金流量：		
销售商品、提供劳务收到的现金	139,498,787,397.46	90,110,978,075.44
客户存款和同业存放款项净增加额		
向中央银行借款净增加额		
向其他金融机构拆入资金净增加额		
收到原保险合同保费取得的现金		
收到再保险业务现金净额		
保户储金及投资款净增加额		
处置以公允价值计量且其变动计入当期损益的金融资产净增加额		
收取利息、手续费及佣金的现金		
拆入资金净增加额		
回购业务资金净增加额		
收到的税费返还	933,453,763.81	499,360,330.52
收到其他与经营活动有关的现金	641,640,968.26	671,981,686.17
经营活动现金流入小计	141,073,882,129.53	91,282,320,092.13
购买商品、接受劳务支付的现金	99,997,320,327.27	64,518,763,975.56
客户贷款及垫款净增加额		
存放中央银行和同业款项净增加额		
支付原保险合同赔付款项的现金		
支付利息、手续费及佣金的现金		
支付保单红利的现金		
支付给职工以及为职工支付的现金	11,219,814,215.75	7,808,375,565.15
支付的各项税费	5,736,748,757.22	5,149,863,599.32
支付其他与经营活动有关的现金	9,959,945,830.35	8,859,372,397.16
经营活动现金流出小计	126,913,829,130.59	86,336,375,537.19
经营活动产生的现金流量净额	14,160,052,998.94	4,945,944,554.94
二、投资活动产生的现金流量：		

图 11.4　青岛海尔股份有限公司 2017 年第三季度现金流量表（节选部分）

（资料来源：《青岛海尔股份有限公司 2017 年第三季度报告》）

HR 完成基础会计知识的学习，并能看懂三张财务报表，就会了解企业的资产负债、盈利和利润情况，以及利润如何进行分配等。理解了这些内容，HR 就能更深层次地理解企业战略、业务策略、企业目前困境和需要重点发展的方向等。

第 12 章

薪酬调整与薪酬预算

作为一名合格的 HR，只懂得怎么核算薪酬是不够的。准确核算薪酬并发放，是 HR 的基本工作。新员工的薪酬确定，公司年底调薪，员工因晋升、转岗等原因调薪，这些都是 HR 经常处理的事务，也是员工很关心的问题。所以，合理的定薪、调薪，是企业吸引优秀人才、保留核心员工的重要手段。

另外，HR 只有掌控“全盘”，控制薪酬总额并能够进行薪酬预算，才能对薪酬管理做到“胸中有丘壑”。

12.1　新员工薪酬确定

一般来说，企业对新员工的薪酬确定，主要受两方面影响：一方面是外部薪酬市场；另一方面是自身的薪酬策略和岗位体系。

薪酬管理较完善的企业，会制定企业内部的薪级表。在候选人通过面试后，HR 会根据候选人应聘的岗位，结合候选人经验、学历、过往工作经历、专业技术水平、之前薪酬水平等因素，在薪级薪档表中找到对应的薪酬，并和候选人进行薪酬谈判。

对于没有完善薪酬体系的公司来说，其确定薪酬的过程较为“随意”和“模糊”，一般会受外部薪酬水平、岗位需求紧急程度、老板或领导对候选人的主观印象，甚至老板或领导性格的影响。

【案例】某企业对新员工薪酬设定的规定

第十六条　新员工薪酬设定

（一）无工作经验的应（往）届毕业生：见习期内岗位系数执行拟聘岗位对应薪级的一档标准。

（二）有经验的员工：根据拟聘岗位及个人经验、学历、专业技术能力、原薪酬水平等因素确定其薪级薪档。

（三）特殊人才：可按公司现有薪酬制度进行套岗定薪，薪酬水平差额部分采取特殊津贴形式予以补齐。

（四）实习人员。实习期超过一个月的给予相应生活补贴。实习补贴原则上参照拟聘岗位所属薪级最低档岗位工资的 70% 计算，或者按照公司事先约定标准发放。

12.2　薪酬调整

薪酬调整一般分为个人薪酬调整和全员薪酬调整。个人薪酬调整是企业针对员工个人所做的调薪，全员薪酬调整是企业针对公司全体员工所做的调薪，如图 12.1 所示。

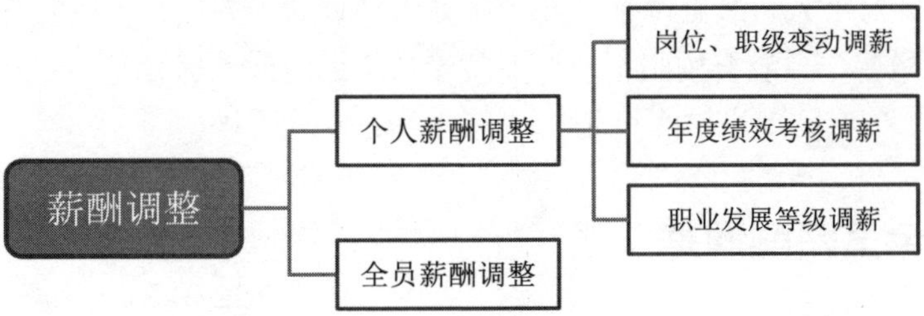

图 12.1　薪酬调整

12.2.1　个人薪酬调整

个人薪酬调整一般是针对员工岗位变动、职级变动（晋升或降级）、年度绩效考核等情况所采取的薪酬调整。

1. 岗位变动、职级变动调薪

岗位变动、职级变动调薪，是企业最常见的个人调薪形式。岗位变化、薪酬变化，体现“岗变薪变”的基本原则。职级的变化分为晋升和降级。如果员工的职级变动，一般来说，其薪酬也会变动。在员工岗位变动、职级变动后，企业需要根据新岗位、新职级来确定其新的薪酬。

一些企业在员工转岗或职位晋升时，会设置一定期限的实习期（一般为 1～3 个月）。在实习期间，员工薪酬可能不调整，或并不调整到位；在实习期后，员工经评定正式转岗或晋升，再执行新岗位或新职级的薪酬标准。

2. 年度绩效考核调薪

目前，很多企业都会设置年度调薪机制，并根据员工绩效情况及时调整薪酬，从而激励和保留员工。

每年年底，企业对员工进行绩效考核，并根据绩效考核结果（常常分为不同等级）确定员工岗位工资或基本工资如何调整。

同时，可以配合薪级薪档表，通过调整薪档来完成年度绩效考核调薪。

3. 职业发展等级调薪

一些企业设置了多通道职业发展路径，员工通过不断提升个人专业能力，达到公司统一组织的专业技术评级认定和相应资格条件，并被公司聘用，可获得相应的薪酬调整。

对于上述个人调薪方式来说，岗位变动、职级变动调薪，企业内部会有相应的调薪流程，针对个人薪酬做调整；年度绩效考核调薪，一般在年底时统一操作；职业发展等级调薪，一般会按照企业职业技术认定的时间（通常是一年或两年）统一操作。

12.2.2 全员薪酬调整

全员薪酬调整是公司根据薪酬实际执行情况、本地区及行业薪酬水平、物价水平，结合公司的战略定位、经营效益和成本支付能力，对整体薪酬所做的统一调整，通过调整工资基数实现整体调整。一般来说，企业会每年或每两年调整一次，但也要看企业经营实际情况来确定是否进行薪酬调整。

全员薪酬调整不一定都是调高薪酬水平，当出现企业受市场环境影响，公司发生经营性亏损时，或者因自然灾害、重大事件、社会经济及其他不可抗力等原因造成经营异常等情况时，经过民主程序后，企业可实施整体降薪调整。

12.2.3 【案例】某企业薪酬调整管理规定

一、整体调薪

原则上每年调整一次。

人力资源部根据公司的薪酬执行情况、经营效益和成本支付能力适时提出薪酬体系调整方案，报公司批准后实施。

出现下列情况之一时，经同级职代会或代表团组长会议通过，可实施临时性整体减薪调整：

（一）受市场环境影响，公司发生经营性亏损时。

（二）因自然灾害、重大事件、社会经济及其他不可抗力等原因造成经营异常或企业认为有特别必要时。

二、个体调薪

包括岗位工资薪档调薪、岗位变动调薪和特殊情况调薪。

（一）岗位工资薪档调薪。

1. 公司实施绩效考核积分制，根据积分调整员工岗位工资基准薪档。公司每季度对员工进行绩效考核，绩效考核的结果不仅用于发放月度绩效工资，还用于统计积分。每年年底，依据积分结果对员工岗位工资的基准薪档进行调整。

薪档调整标准如表 12.1 所示。

表 12.1 薪档调整标准

季度绩效考核	考核结果	S（非常优秀）	A（优秀）	B（合格）	C（不合格）
	积分标准	4 分	2 分	0 分	−1 分
基准薪档调整	积分结果	28 分及以上	16～27 分	1～15 分	0 分及以下
	基准档次	N+2	N+1	N	N−1

注：N 为员工岗位基准薪档。

2. 晋档和积分规则

（1）当薪档调整后，档次超过所在薪级最高档时，按最高档执行。当降档后薪档低于所在薪级最低档时，按最低档执行，下一年停发绩效工资。

（2）员工发生岗位变动，薪级上升的，不参加当期薪档调整，即当期薪档调整时，员工基准档次不变。员工发生岗位平级调动和薪级下降的，正常参加当期薪档调整。

（3）员工年度岗位工资调整统一在每年的 3 月份进行。

（二）岗位变动调薪。

按照同岗同酬的原则，员工薪酬随岗位变动而调整，调整后的薪酬从变岗次月起执行。

1. 本岗位序列内的岗位变动：按照档次不变的原则进入新岗位的薪级。

2. 管理、技术序列与操作序列间的岗位变动：管理、技术序列转入操作序列，按照档次不变的原则进入新岗位的薪级。操作序列转入管理、技术序列，按照薪档降低一档的原则进入新岗位的薪级，已经在最低薪档的进入新岗位薪级的最低薪档。

（三）降薪。

员工出现重大工作失误、重大违纪行为给公司经济或声誉造成损失和影响，或严重违反公司规章制度受到处罚，由人力资源管理部门酌情降级降档处理。

12.3 薪酬总额

对于公司高层来说，薪酬体系过于庞大，一些细枝末节很难掌握，最想控制也最应该控制的就是薪酬总额。HR 对薪酬总额的认识和计算应该做到心中有数。

12.3.1 薪酬总额的定义和构成

薪酬总额是指企业或企业集团在一定时期内直接支付给职工（含子公司）的劳动报酬总额，包括企业所有员工的工资、奖金、加班费、职务补贴、退职退休金、福利安全费、劳动保险费、培训经费等费用开支，如图 12.2 所示。

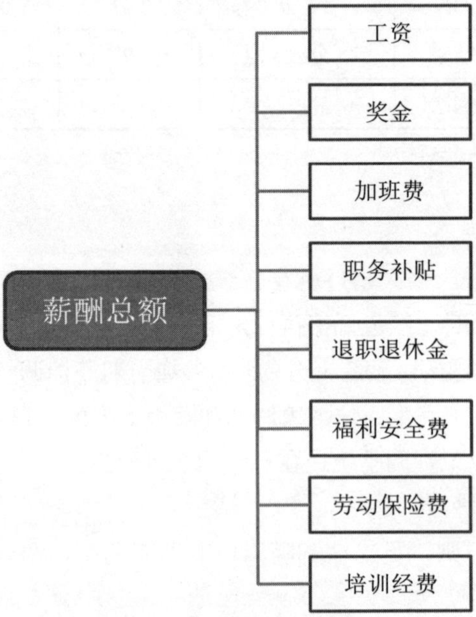

图 12.2　薪酬总额构成

薪酬之所以难管理，薪酬总额之所以难预测和确定，主要是因为员工对收入的期望和企业对支付的期望是相互矛盾的。对于员工来说，一定是希望薪酬越高越好；对于企业来说，却是希望薪酬越少越好。在实际操作中，只站在企业立场或只站在员工立场都是不可取的。对于企业来说，员工工资成本是人力成本的主要组成部分。从经济层面来说，只要是成本，企业就要进行控制。但人力成本和其他成本不同，这种成本的投入能够带来“增值”。也就是说，增加薪酬总额（增大薪酬投入），能够更好地激励员工，或者招募到更加优秀的人才，这些都能够为企业带来更大的价值。所以 HR 在考虑薪酬的时候，一定要既考虑企业自身的财务承受能力，又考虑薪酬的外部竞争力。

绝大多数企业支付薪酬的来源都是经营效益。但对于初创期的企业来说，企业还在业务探索阶段，没有足够的营业收入，薪酬发放依靠的是投入的资金。一些事业单位、非营利性组织，薪酬发放依靠的是上级拨款。政府机关公务员的薪酬由国家全额拨款。

12.3.2 与薪酬总额相关的概念

初步接触薪酬管理的 HR，常常会分不清“薪酬总额”“工资总额”“人工成本”等名词。本小节会详细阐述如何理解薪酬总额，以及容易和薪酬总额混淆的相关概念。

1. 工资总额

薪酬总额和工资总额是非常容易混淆的一对概念。“工资总额”是用于国家统计的一个概念。这个指标是国家用于掌握个人收入的，经常与另一个体现个人支出的“物价指数”指标一起使用。

国家统计局发布的《关于工资总额组成的规定》中详细规定了工资总额的定义和构成。工资总额是指各单位在一定时期内直接支付给本单位全部职工的劳动报酬总额。工资总额由以下 6 个部分组成：（1）计时工资；（2）计件工资；（3）奖金；（4）津贴和补贴；（5）加班加点工资；（6）特殊情况下支付的工资，如图 12.3 所示。

从构成来看，薪酬总额的范围比工资总额广。从金额来看，薪酬总额大于工资总额。

2. 人工成本

人工成本是指一定时期内企业在生产经营和提供劳务活动中使用劳动力而发生的各项直接和间接的费用总和。人工成本包括职工工资总额、社会保险费用、职工福利费用、职工教育经费、劳动保护费用、职工住房费用和其他人工成本支出。其中，其他人工成本支出包括工会经费，企业因招聘职工而实际花费的职工招聘费、咨询费、外聘人员劳务费（注意：不是列支在职工工资总额中），对职工的特殊奖励（如创造发明奖、科技进步奖等），支付实行租赁、承租经营企业的承租人、承包人的风险补偿费，解除劳动合同或终止劳动合同的补偿费等。如图 12.4 所示。

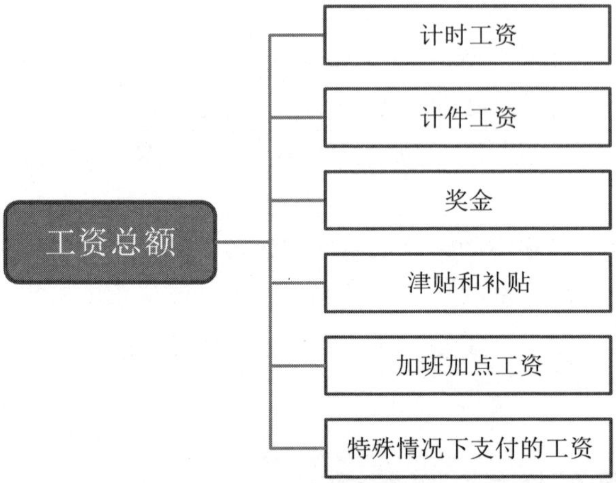

图 12.3　工资总额构成

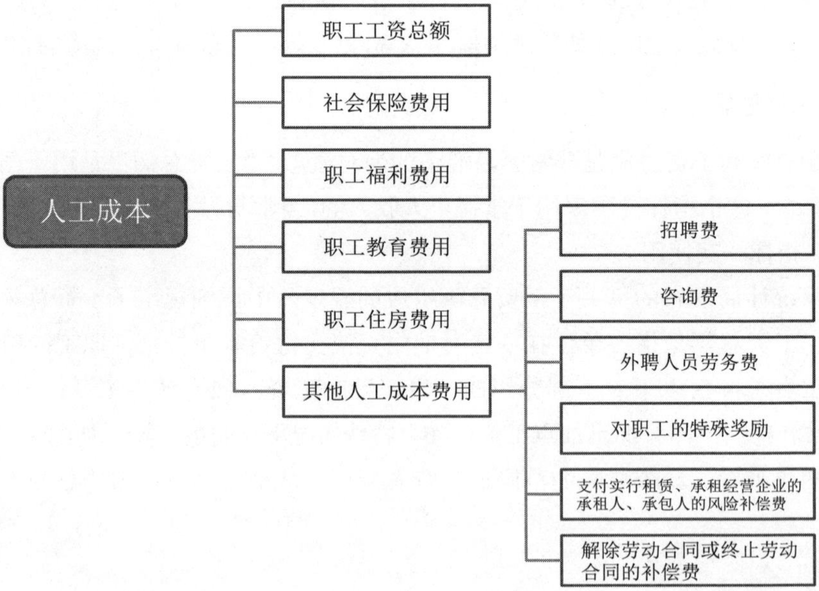

图 12.4　人工成本构成

某市人力资源和社会保障局发布的 2017 年该市部分行业人工成本构成情况如图 12.5 所示。

单位：元/人

指标 / 行业	人工成本总额	从业人员劳动报酬		社会保险费用		职工福利费用		职工教育费用		劳动保护费用		住房费用		其他人工成本	
		数额	比重(%)	数额	比重(%)	数额	比重(%)	数额	比重(%)	数额	比重(%)	数额	比重(%)	数额	比重(%)
总计	15604	12275	78.67	1668	10.69	819	5.25	118	0.76	72	0.46	316	2.02	336	2.15
采矿业	8825	6624	75.06	1068	12.10	521	5.90	82	0.93	31	0.35	209	2.37	290	3.29
制造业	6779	5651	83.36	600	8.85	298	4.40	36	0.53	41	0.60	107	1.58	46	0.68

图 12.5　某市人力资源和社会保障局发布的 2017 年该市部分行业人工成本构成情况

人工成本是从成本的角度来阐述薪酬。而工资总额是人工成本的主要组成部分。

3. 工资薪金总额

工资薪金总额是企业所得税法中提到的概念。

《中华人民共和国企业所得税法实施条例》第三十四条规定：企业发生的合理的工资、薪金支出，准予扣除。前款所称工资、薪金，是指企业每一纳税年度支付给在本企业任职或者受雇的员工的所有现金形式或者非现金形式的劳动报酬，包括基本工资、奖金、津贴、补贴、年终加薪、加班工资，以及与员工任职或者受雇有关的其他支出。

《国家税务总局关于企业工资薪金及职工福利费扣除问题的通知》（国税函〔2009〕3 号）对《中华人民共和国企业所得税法实施条例》中这个概念做了进一步解释说明：《中华人民共和国企业所得税法实施条例》第四十、四十一、四十二条所称的“工资薪金总额”，是指企业按照本通知第一条规定实际发放的工资薪金总和，不包括企业的职工福利费、职工教育经费、工会经费以及养老保险费、医疗保险费、失业保险费、工伤保险费、生育保险费等社会保险费和住房公积金。属于国有性质的企业，其工资薪金，不得超过政府有关部门给予的限定数额；超过部分，不得计入企业工资薪金总额，也不得在计算企业应纳税所得额时扣除。

可以看出，工资薪金总额主要用于企业缴纳企业所得税前列支（税前扣除）。工资总额和工资薪金总额是一致的。

12.3.3　薪酬总额的推算方法

薪酬总额是公司经营层非常关心的，尤其是以人才为核心竞争力的科技行业、互联网行业，其薪酬支出占总支出的比例非常大。所以，准确地推算薪酬总额是从事薪酬管理工作的 HR 必须掌握的技能。企业里常见的薪酬总额推算方法有两种：一种是根据薪酬比率推算薪酬总额；另一种是根据盈亏平衡点推算薪酬总额。

1. 根据薪酬比率推算薪酬总额

根据薪酬比率确定薪酬总额的计算公式为：薪酬总额 = 薪酬比率 × 销售额（利润）。

其中，薪酬比率可使用企业过去的实际薪酬总额费用率，也可参考本行业一般费用率水平来确定。按照这种计算方式，企业的薪酬总额主要随企业销售额的变化而变化。

2. 根据盈亏平衡点推算薪酬总额

盈亏平衡点，是指企业的销售收入与企业的总成本相等，即企业处于既不盈利，又不亏损的状态。通过盈亏平衡点计算的薪酬总额，一般是企业所允许的最高薪酬成本。

在薪酬设计和管理中，HR 常用市场薪酬水平结合岗位价值来定位薪酬水平，基于这种方法来确定薪酬总额，属于“正推法”。但在应用这种方法时，HR 要思考“企业的薪酬总成本同公司的财务计划是否相适应”。而根据薪酬比率和盈亏平衡点推算的薪酬总额，是基于企业经济能力为主导的方法，属于“反推法”。我们在最终确定薪酬总额时，常常需要“正反结合”，恰当使用两种方法。

12.4 薪酬预算

薪酬预算是薪酬控制的重要环节，准确的薪酬预算可以帮助企业协调和控制在未来一段时间内（常常是一个年度）的薪酬支付。薪酬预算要综合考虑企业的经营状况、财务状况和市场环境因素的影响，确保企业的薪酬成本不超出企业的承受能力。

薪酬预算可以看作一个目标，用来判断薪酬支出是否在允许范围内。如果超出允许范围，就需要做出调整。最终，实现薪酬支出可控的目标。

薪酬总额和薪酬预算的关系类似于目的和方法的关系。薪酬预算的目的在于实现对薪酬总额的控制。通过薪酬预算形成合理的薪酬总额预算，从而实施薪酬控制，达到薪酬总额控制的目的。

12.4.1 薪酬预算方法

薪酬预算方法有两种：一种是自下而上法，另一种是自上而下法。

1. 自下而上法

自下而上法是企业内部常用的薪酬预算方法，即从岗位到部门，最后到企业来计算整个薪酬支出。

这种方法是根据部门内的人员编制（现有员工和待招聘岗位编制），预估出未来一年的薪酬，从而计算出每个部门所需要的薪酬支出。这里需要结合人员编制和年度招聘计划（如某岗位编制 3 人，现有人员 2 人，计划 6 月份入职 1 人），并按照现有人员的薪酬和待入职人员薪酬来做预算。在部门薪酬支出计算出来后，就可以汇集所有部门的预算，形成公司整体的薪酬预算。

自下而上的薪酬预算方法相对简单易算，部门主管只需要按照公司既定的薪酬调整规则，分别计算出员工对应的薪酬金额，同时考虑待招聘岗位的薪酬金额即可。

各个部门的薪酬预算经过高管的审核批准后，就可以整合为企业整体的薪酬预算，从而得到薪酬总额预算。

2. 自上而下法

自上而下法：首先由公司的高管决定公司整体的薪酬预算总额（常常是根据销售收入预测等财务关键指标来推算）和薪资增长的数额，并将预算分配到每一个部门；然后各部门按照所分配的预算额度，根据本部门内部的实际情况，将预算额分配到每一位员工。

可以看出，每一个部门所分配到的薪酬总额，就是该部门所有人员薪酬总额的极限。部门负责人拿到部门的薪酬总额后，要考虑如何分配。采用这种预算方法的企业，常常只对调薪做原则性规定，至于部门内如何调薪，企业给了部门负责人较大的权力。当然，部门负责人也要考虑工作量和人员编制问题。如果预算紧张，在增加编制方面，部门负责人就需要慎重考虑：是给已有员工较高幅度的加薪，激励下属承担更多的工作任务；还是减少加薪幅度，将额度作为增加编制的预算。这时，部门负责人需要根据部门的实际情况做决策。

总体来说，自下而上法不易控制总体的人工成本，而自上而下法对薪酬总额控制得较好，但预算过死，不利于调动员工积极性。一些企业会结合两种方法，如果两者差异较大，会适当地调整部门的预算额度，或者重新考虑之前确定的薪酬预算总额是否合理。

12.4.2 薪酬预算步骤

很多 HR 在进行薪酬预算时，对薪酬的固定部分可以“全面掌控”，却对薪酬的浮动部分“束手无策”。其实，在进行薪酬预算前，只要做好准备工作，就会发现，薪酬预算并不是很难。

1. 明确薪酬预算内容

首先，HR 需要明确哪些项目要计入薪酬预算。一般来说，岗位（基本）工资、绩效工资、津贴、其他（加班、福利等）、佣金（提成）和年终奖是要进行薪酬预算的。

2. 理顺薪酬结构，按照不同人员的薪酬结构进行预算

对于大多数职能、支持类岗位来说，其薪酬结构相对简单固定，只需要按照薪酬标准进行加和即可。一些企业高管的年薪制（与年度经营情况挂钩）、销售人员的佣金（提成）和年终奖是预算的难点。

具体做法如下。

高管：执行年薪制的高管根据公司制定的年度经营目标（有可能还细分为几个不同目标），确定高管的年薪发放金额。

销售人员：大多数销售人员的薪酬构成中，一部分是佣金（提成）。在进行薪酬预算时，需要根据公司的提成标准测算出佣金（提成）的金额。如果销售人员的绩效工资与业绩挂钩，还要根据绩效工资的发放标准计算绩效工资的金额。

津贴、福利的总额预算是企业相对固定的支出，不与企业的效益直接相关，这两项可以单独做预算。

不同企业的年终奖的形式不同，可以根据企业的具体情况计算。选择封闭式年终奖分配方式的企业，HR 还需要将年终奖预算与公司经营目标挂钩，依据业绩确定年终奖金额。

可以看出，薪酬预算就是按照企业年度经营目标、薪酬体系下的各种发放标准预先计算出各项薪酬分类。一些企业在进行薪酬总额预算时是根据毛利润的一定比例（工资集体比例）提取的，可以将薪酬与经营状况紧密联系起来。

经过薪酬预算，公司高层、各业务部门、财务、人力资源部门都会清楚企业薪酬的各项构成，以及业绩完成和薪酬的关系。一方面，企业可以对如此大的薪酬支出做到心中有数；另一方面，也可以激励管理人员努力达成业绩目标。

12.4.3 薪酬预算控制注意事项

在薪酬预算制定和通过后，执行时需要围绕预算进行把控，避免薪酬支付产生太大波动。

1. 月度薪酬预算的控制与年度薪酬预算的控制

在薪酬预算执行中，每个月度，公司高层、业务部门、财务部和人力资源部都会关注薪酬预算的执行情况。对于月度薪酬预算的执行，人力资源部主要工作是把控好人员编制。因为对于每个月的目标达成情况来说，在执行过程中多多少少会发生偏差，所以对于月度薪酬预算的执行，只要把控好月度相对总量即可。对月度相对总量的控制就是把控好销售收入等关键财务业绩指标和月度薪酬总额的关系。

对年度薪酬预算的控制主要是把控好年度薪酬总额和全年业绩财务指标的关系，基本保证不突破薪酬预算。

2. 薪酬“调节池”机制

一些企业对薪酬总额的管理建立了薪酬“调节池”的管理机制，尤其对于集团公司管理下属子公司或事业部来说，这种薪酬“调节池”的管理机制比较有效。

比如，业务部门可以设立奖金“调节池”，作为业务部门调节的抓手。在旺季时，将项目提成的一部分（如 10%～20%）储备起来，放入“奖金池”。在淡季或效益不好时，将“奖金池”中的金额根据情况进行调配。这样，可以比较有效地降低员工在旺季“赚一笔”就离职的风险。再比如，子公司及事业部年度薪酬总额最高发放额度不得高于预算总额的 1.2 倍，对于超出额度的部分，形成薪酬“调节池”；在由于某些因素导致薪酬总额减少到一定程度时，可以通过薪酬“调节池”进行适当补充。

3. 成本压力转移

在薪酬预算制定后，如果没有重大问题，应该按照薪酬预算去执行。在实践中，企业应向各部门明确“加人、减人都不改预算”。这样一来，各部门负责人就会充分发掘现有人员的潜力，提高效率、优化岗位设置，不会轻易加人，从而避免不必要的人员快速扩张。这种做法可以较好地将人力成本的压力从人力资源部转移到用人部门，从而避免用人部门随意要求加人，人力资源部被动盲目招人的情况发生。

第 13 章 薪酬管理制度

对于人力资源经理或薪酬经理来说，撰写和推行薪酬管理制度是一项必不可少的工作。不管是初创期的企业设计了初步的薪酬管理体系，还是管理水平比较成熟的企业对薪酬体系进行了优化，都需要将所设计的薪酬体系形成制度，以便于执行。

13.1 薪酬管理制度的前期准备

制定薪酬管理制度的过程包含两个部分：第一部分是前期调研，分析思考，设计薪酬体系；第二部分是将薪酬体系落到纸面上，形成正式的书面文件。这两者中，第一部分是主，第二部分是辅。第一部分的工作在前面已经阐述了，HR 可以将理论与企业实际相结合，形成适合自己企业的薪酬管理体系。

这里需要注意：在初步调研后，HR 可以将自己的思路用 XMIND 思维导图的形式体现，然后与上级进行沟通。千万不要忽视这个环节。薪酬管理相对于其他人力资源模块专业性更强，但它同样属于管理范畴，而管理是“科学”与“艺术”并重的工作，必须考虑实际情况，尤其是“薪酬”这种需要经营层、上级管理者大力支持的模块。

及时与上级沟通非常重要：一方面，如果思路方向有大的问题，可以及时更改，避免形成具体方案后再推翻重做，浪费时间；另一方面，用思维导图展示出来，脉络清晰，便于理清思路和进行后续补充。另外，制定薪酬制度这种重大方案，需要的时间较长，进行阶段性沟通汇报，主动让上级知道进度很有必要。

在与上级充分沟通并形成初步薪酬体系后，一般需要向经营层汇报，如果有问题，则需要进行修改。在反复修改并得到经营层的肯定后，就可以开始撰写薪酬管理制度了。薪酬管理制度是从薪酬设计到落地实施之间的媒介和抓手。

13.2　薪酬管理制度的撰写

一般来说，正式的薪酬管理制度包括总则、薪酬结构、薪酬确定、薪酬调整、薪酬支付和附则。

（1）总则一般包括制度的目的、基本原则、适用范围、职责分工等。

（2）薪酬结构一般包括薪酬构成、每个薪酬项目的含义、适用范围及标准等。

（3）薪酬确定一般包括新员工薪酬确定、在职人员薪酬确定、试用期薪酬等。

（4）薪酬调整一般包括个人薪酬调整和全员薪酬调整。

（5）薪酬支付一般包括薪酬发放流程、各项薪酬项目的计算公式、各项休假的支付标准、工资结清等。

（6）附则一般包括薪酬异议时的处理、薪酬制度解释权归属、本制度实施时间等。

在撰写薪酬管理制度的过程中，应遵循以下原则。

（1）如果涉及多个要点，则最好分类说明。

（2）一个要点说清楚了，再阐述下一个。

（3）如果用文字阐述过于繁杂，则可以采用表格的形式。

（4）用词要仔细斟酌，不要有歧义。

最后，关于公司的公文撰写风格，HR 可以参考企业之前发布的制度，了解措辞偏好、公文格式、字体字号等，在撰写薪酬管理制度时直接套用即可。

13.3　薪酬管理制度的审核

在形成薪酬管理制度的初稿后，需要经公司高层审核；在审核通过后，还需要召开全体职工大会或职工代表大会讨论，最终形成定稿。

因为薪酬是企业中的大事，所以薪酬管理制度的审核也是经营层和各管理者非常重视的。对此，HR 应该如何做，才能让薪酬管理制度比较顺利地通过审核呢？这里介绍两个小技巧。

（1）准备多种方案，供上级选择。当某些棘手的问题有不同解决方法时，应广开思路，列出不同方案。同时，要分析各方案的利弊，便于经营层决策参考。

（2）在薪酬管理制度提交审核前，人力资源部应主动和公司重要高管就制度的大方向进行简单沟通，并基本达成一致，从而避免方案在上会讨论时，被轻易否决。尤其是针对某些问题进行改革时，更应该学会“借力”，达到改革的目标。

关于规章制度形成的民主程序可以参见第 11 章 11.2 节。

13.4 薪酬管理制度的宣贯推行

在薪酬管理制度形成后，需要进行宣贯推行。如果推出的薪酬管理制度涉及较多的薪酬改革，则建议薪酬 HR 针对制度中的一些要点形成推进介绍说明，以便于员工理解。

如果对制度的实施效果难以把握，可以先试运行或选取试点。在试运行或试点阶段，可以收集各方的反馈，并根据所反馈的问题对制度进行及时调整，再正式运行或全公司推广。比如，在薪酬管理制度和绩效管理制度一起推行时，可以在正式实施前加入 1～2 个月试运行期，试运行期间绩效考核正常执行，但不与薪酬挂钩。这样一旦发现制度存在问题，就可以及时调整相关制度。试运行期间考核结果不与薪酬挂钩，员工也不会出现较大的抵触情绪。尤其对于不确定的地方，可以先选取试点，并待试点成功后再扩大到公司范围来实施。如果采用试运行或试点，则在制度附则中要写清楚试运行的时间或试点范围。

另外，对于一些较难达到的目标，可以分步实施，详见第 6 章 6.3.3 节。

13.5 【案例】某企业的薪酬管理制度

第一章　总则

第一条　目的

为适应公司发展要求，建立科学合理的激励机制，实现薪酬管理与分配的规范化，更好地吸引和保留优秀人才，依据国家、地方法律法规和政策，特制定本制度。

第二条　基本原则

公司严格执行国家、地方法律法规和政策，倡导“按劳分配、效益优先、兼顾公平、协调发展”的总体原则，构建科学有效的激励薪酬体系。薪酬体系设计遵循如下原则。

（一）支持战略、关注市场：考虑公司的经济效益和支付能力，从总量上确保符合“两低于”原则，以业绩增长支持薪酬总额的增加，支撑公司战略目标实现；同时参照市场同行业薪酬水平，保证薪酬的外部市场竞争力，力争员工利益与企业发展同步共赢。

（二）以岗定薪、以绩定酬：以岗位价值评估为基准，以岗定薪，岗变薪变，重视能力、业绩付酬因素；同时薪酬发放和分配均与公司经营效益和个人绩效考核结果挂钩，体现效益优先，绩效导向。

（三）兼顾公平、动态调整：确保实现薪酬外部公平、内部公平和个人公平；同时根据企业经营效益、社会和行业收入水平、政府收入增长指导线等因素确定薪酬水平，对薪酬体系进行动态调整，使之适合公司发展阶段和外部人才市场的变化，稳步提升员工的收入水平，体现薪酬的有效激励作用。

第三条　适用范围

本制度适用于公司机关、直属单位、分（子）公司。

第四条　职责分工

（一）人力资源部是公司薪酬管理的责任部门，职责包括：

1. 拟定薪酬管理制度并监督执行。

2. 组织编制公司人工成本预算并监督执行。

3. 跟踪收集内外部及相关行业薪酬水平信息，定期汇总并分析公司总体薪酬变动情况，组织及实施公司薪酬整体调整。

4. 审核与备案公司各单位 / 部门员工薪酬调整。

5. 审核及批复工资基数。

6. 负责薪酬日常管理事宜。

7. 收集薪酬制度执行过程中的问题并提出解决方案。

（二）财务部。

1. 根据人力资源部提交的员工薪酬数据，进行薪酬的发放。

2. 向人力资源部反馈薪酬发放情况。

3. 参与公司薪酬管理制度、薪酬预算的制定和修订。

（三）二级单位 / 部门。

1. 组织开展员工考勤、绩效考核等。

2. 提交和确定本单位人员薪级评定、薪酬调整意见。

第五条　薪酬管理程序

涉及公司薪酬政策、相关管理制度和办法的制定及调整，由人力资源部提出，同级职代会或代表团组长会议审议通过，经公司批准后执行，人力资源部负责监督执行情况。

第二章　薪酬模式与结构

第六条　薪酬模式

（一）管理序列岗位实行年薪制。部分技能序列岗位实行计件工资制。

（二）非全日制、临时聘用和季节性用工实施小时工资制或协议工资制。引进人才或稀缺人才可按双方约定实施协议工资制。

第七条　薪酬结构

员工薪酬包括岗位工资、绩效工资、津贴补贴和福利。

第八条　岗位工资

岗位工资实行“一岗多薪”，由薪级和薪档组成，每一个岗位均对应一个薪级。薪级依据岗位价值确定，体现不同岗位价值的差异。薪档体现同薪级人员能力、贡献等方面的差异。岗位工资 = 岗位系数 × 工资基数。岗位系数由该岗位所处的薪级薪档所决定。工资基数每年初由公司人力资源部根据本地区社会平均工资、同行业企业薪酬调研情况、公司经营效益、政府收入增长指导线等因素设定。工资基数随公司经济效益情况适时调整。

管理职能技术序列设置 17 个薪级，技能工勤序列设置 15 个薪级。每个薪级由低到高设置 9 个薪档。

因公司发展需要而设置新岗位或原岗位工作内容发生重大变更，需要调整岗位薪级时，由所在单位部门提出调整意见，报公司人力资源部审批后执行。

第九条　绩效工资

绩效工资是体现组织和个人绩效贡献的工资单元，随企业的经营效益、本单位的经营绩效和个人绩效表现而变动。包括月度绩效工资和年度绩效工资。

（一）月度绩效工资。

1. 月度绩效工资是基于衡量公司、单位 / 部门季度业绩和个人季度绩效表现、经考核后发放的报酬。

2. 计算方法：月度绩效工资 = 绩效工资系数 × 绩效工资基数 × 员工个人绩效考核系数。

其中，绩效工资系数由岗位系数和固浮比（岗位工资与绩效工资的比例）确定，绩效工资系数 = 岗位系数 / 岗位工资比例 × 绩效工资比例；绩效工资基数由各单位完成绩效情况确定；员工个人考核系数由员工个人季度绩效考核结果确定。

（二）年度绩效工资。

1. 年度绩效工资适用于管理序列岗位，是基于公司年度业绩和员工全年绩效表现，经综合考核后发放的年度报酬。

2. 计算方法：年度绩效工资 = 年初核算当年年薪 − 全年月度预发绩效工资。

第十条　薪酬结构比例

不同岗位序列、岗位类别的员工，其岗位工资、月度绩效工资、年度绩效工资三部分工资的比例不同，具体比例结构如表 13.1 所示。

表 13.1　薪酬结构比例

岗位序列	岗位类别	工资结构比例		
		岗位工资	月度绩效工资	年度绩效工资
管理	处级	20%	45%	35%
	科级	50%	40%	10%
	工区级	50%	40%	10%
职能	职能	50%	50%	0%
技术	技术	50%	50%	0%
技能	技能	60%	40%	0%

第十一条　津贴补贴

包括夜班津贴、技师津贴、年功津贴和高温津贴。

（一）夜班津贴：面向技能序列夜间工作人员发放的津贴，体现公司对夜班工作员工的关怀。具体标准见公司相关规定。

（二）技师津贴：面向技能序列优秀员工发放的津贴，激励员工不断提升自身技能水平。标准如下：助理技师 50 元 / 月，技师 100 元 / 月，高级技师 200 元 / 月。

（三）年功补贴：面向所有在岗职工发放的津贴，肯定员工累积贡献。标准如下：以 2006 年为时间节点计算司龄，每增加一年司龄，年功补贴增加 10 元，上限为 30 年。

（四）高温津贴：面向所有在岗职工，技能岗位每月 120 元 / 人，管理职能技术岗位每月 80 元 / 人，每年执行 4 个月。

第十二条　福利

包括法定福利和公司福利两部分。

（一）法定福利。按照国家及地方政府相关政策规定执行，包括以下项目。

1. 养老保险、失业保险、医疗保险、工伤保险、生育保险、住房公积金。

2. 法定节假日、带薪年休假、探亲假、婚丧假、产假、男职工护理假等。

（二）公司福利。公司根据实际情况设立，并随经济效益情况调整。公司福利体现了公司对员工的关怀，包括以下项目。

1. 采暖补贴：面向所有在岗职工，每月 142 元 / 人。

2. 餐费补助：面向所有在岗员工（即在岗职工和劳务派遣用工，不包括返聘和临时用工），具体标准见公司相关规定。

第三章　薪酬调整

公司的薪酬调整分为整体调薪和个体调薪两种方式。

第十三条　整体调薪

整体调薪是公司根据薪酬实际执行情况、本地区及行业薪酬水平、物价水平，结合公司的战略定位、经营效益和成本支付能力，对整体薪酬所做的统一调整。通过调整工资基数可以实现整体调整，原则上每年调整一次。

人力资源部根据公司的薪酬执行情况、经营效益和成本支付能力适时提出薪酬体系调整方案，报公司批准后实施。

出现下列情况之一时，经同级职代会或代表团组长会议通过，可实施临时性整体减薪调整。

（一）受市场环境影响，公司发生经营性亏损时。

（二）因自然灾害、重大事件、社会经济及其他不可抗力等原因造成经营异常或企业认为有特别必要时。

第十四条　个体调薪

包括岗位工资薪档调薪、岗位变动调薪和特殊情况调薪。

（一）岗位工资薪档调薪。

1. 公司实施绩效考核积分制，根据积分调整员工岗位工资基准薪档，薪档调薪的周期为两年。公司每季度对员工进行绩效考核，绩效考核的结果不仅用于发放月度绩效工资，还用于统计积分。每两年的年底，依据积分结果对员工岗位工资的基准薪档进行调整。

薪档调整标准如表 13.2 所示。

表 13.2　薪档调整标准

季度绩效考核	考核结果	S（非常优秀）	A（优秀）	B（合格）	C（不合格）
	积分标准	4 分	2 分	0 分	-1 分
基准薪档调整（每两年为周期）	积分结果	28 分及以上	16～27 分	1～15 分	0 分及以下
	基准档次	N+2	N+1	N	N-1

注：N 为员工岗位基准薪档。

2. 晋档和积分规则如下。

（1）当薪档调整后，档次超过所在薪级最高档时，按最高档执行；档次低于所在薪级最低档时，按最低档执行，次年停发绩效工资。

（2）员工发生岗位变动，薪级上升的，不参加当期薪档调整，即当期薪档调整时，员工基准档次不变。员工发生岗位平级调动和薪级下降的，正常参加当期薪档调整。

（3）员工年度岗位工资调整统一在每两年的 3 月份进行。

（二）岗位变动调薪。

按照同岗同酬的原则，员工薪酬随岗位变动而调整，体现“岗变薪变”，调整后的薪酬从变岗次月起执行。

1. 本岗位序列内或相似的岗位序列间（管理、职能、技术之间，技能工勤之间）的岗位变动：按照档次不变的原则进入新岗位的薪级。

2. 管理、职能、技术序列与技能工勤序列间的岗位变动：管理、职能、技术序列转入技能工勤序列，按照档次不变的原则进入新岗位的薪级。技能序列转入管理、职能技术序列，按照薪档降低一档的原则进入新岗位的薪级，已经在最低薪档的进入新岗位薪级的最低薪档。

（三）降薪。

员工出现重大工作失误、重大违纪行为给公司经济或声誉造成损失和影响，严重违反公司规章制度受到处罚，由人力资源管理部门酌情降级降档处理。

第四章　薪酬设定

第十五条　岗位薪酬确定

岗位薪酬按照公司岗位价值矩阵表确定所在岗位薪级后，按定档规则确定薪档。

第十六条　新员工薪酬设定

（一）无工作经验的应（往）届毕业生：见习期内岗位系数执行拟聘岗位对应薪级的一档标准。

（二）有经验的员工：根据拟聘岗位及个人经验、学历、专业技术能力、原薪资水平等因素确定其薪级薪档。

（三）特殊人才：可按公司现有薪酬制度进行套岗定薪，工资水平差额部分采取特殊津贴形式予以补齐。

第十七条　试用期薪酬

（一）员工试用期薪酬除特别约定外，均按拟聘岗位转正后岗位工资的 80% 计算（若低于当地最低工资标准则按最低工资计发），不计发绩效工资和奖金，享受法定福利。

（二）试用期结束，由部门负责人根据员工在试用期内的工作表现和工作能力做出评估，并提出定岗及薪酬定档建议，履行审批程序。

第十八条　其他人员薪酬

（一）内退人员薪酬按公司离岗退养办法执行。

（二）退休人员薪酬根据国家规定支付。

（三）返聘人员薪酬按双方约定的薪资标准执行。

（四）实习人员。实习期超过一个月的给予相应生活补贴。实习补贴原则上参照拟聘岗位所属薪级最低档岗位工资的 70% 计算，或者按照公司事先约定标准发放。

第五章　薪酬支付

第十九条　薪酬支付与发放

（一）员工薪酬应以货币形式按月支付给员工本人。其中：岗位工资实行当月发放，月度绩效工资实行月度考核发放。薪酬支付通常为每月 28 日，如遇节假日应提前至前一工作日发放，存入员工的个人银行账户，不得克扣或者无故拖欠员工的薪酬。人力资源部按在职员工名册核发工资，未正式办理入职手续者不计薪。

（二）新聘者按日计算工资，于公司发薪日统一支付。

（三）人力资源部汇总各部门考勤表及绩效考核表，并负责核算每月实发薪酬，上报公司审批后送达财务部执行。

第二十条　加班工资

（一）如员工确因额外工作必须加班，公司可优先按同等时间安排调休和补休，对无法安排调休和补休的，由单位支付员工加班工资。因个人自身原因造成工作延误需要加班的，不支付加班工资。

（二）加班工资由各单位核定总额，在年初预算中统筹考虑，在预算框架内协调执行，从严从紧控制员工加班。

（三）员工计算月加班工资基数为本人月基本工资标准。

1. 员工日加班工资基数 = 员工月基本工资 / 标准工作日，标准工作日按国家规定执行，现执行标准为 21.75 天。小时加班工资标准 = 员工日加班工资基数 /8。

2. 一般工作日加班费标准 = 员工日加班工资基数 ×150%。公休日加班费标准 = 员工日加班工资基数 ×200%。国家法定节假日加班费标准 = 员工日加班工资基数 ×300%。

第二十一条　公司代扣费用

（一）个人收入所得税。

（二）应由员工个人承担的“三险一金”费用。

（三）法院判决、裁定中要求代扣的抚养费、赡养费。

（四）法律、法规规定可以从员工薪酬中扣除的其他费用。

第二十二条　工资结清

（一）员工如出现下述情形，由员工本人向公司人力资源部提出书面申请，经批准后一次性结清工资。

1. 依法解除或终止劳动合同。

2. 公司认可的其他事由。

（二）离职人员工资发放：所有离职员工领取工资，享受福利待遇的截止日为正式离职日期，按日计算工资。离职人员结算款项时，需扣除以下项目。

1. 员工拖欠未付的公司借款。

2. 员工对未交接手续的赔偿金、抵押金。

3. 原承诺培训服务期未满的补偿费用。

第六章　附则

第二十三条　解释权

本制度是公司人力资源管理制度体系的重要组成部分，由公司人力资源部负责解释。公司有权在适当时机授权人力资源部修订本制度。其他未尽事宜，按公司有关规定办理。本制度如与国家及地方相关法律法规相抵触，以国家及地方相关法律法规规定为准。

第二十四条　本制度经公司职代会讨论通过，并经公司批准后自 20×× 年 × 月 × 日起执行。

第四篇

薪酬管理的发展趋势

本篇介绍薪酬激励方面的新发展、新趋势。不管是作为一名优秀的人力资源管理工作者，还是其他经营管理者，了解薪酬激励的发展方向，综合各种方法做好人才激励，是非常必要的。

第 14 章

薪酬激励发展新趋势

本章主要介绍薪酬激励发展的三大趋势，即股权激励、事业合伙人制度和弹性福利。这三大趋势也是目前实践中运用较多、效果较好的。

14.1 股权激励

股权激励，严格来说，已经超出日常薪酬管理的范畴，属于激励的一种方式。为了激励和留住核心人才，企业采用股权激励，相当于赋予员工部分股东权益，从而与企业形成利益共同体，帮助企业快速、稳定地发展。

从目前的趋势来看，公司股权呈分散趋势，管理水平和技术也更加复杂。所以，为了更好地激励员工，越来越多的企业开始采用股权激励。在世界范围内，尤其是欧美地区很多著名的企业都采取了这种股权激励方式。

14.1.1 股权激励概述

股权激励的定义是“员工通过得到公司股权，享有一定的经济权利，能够以股东的身份参与企业决策、分享利润、承担风险，从而为企业提供比较长期的服务”。

从目前来看，股权激励是未来的发展趋势。但是，一些 HR 错误地认为只有上市公司、大企业才能做股权激励，其实股权激励作为一种比较好的长期激励方式，是不论企业规模大小、处于何种发展阶段都可以采用的。

实际上，创业期的企业更适合采用股权激励。创业公司面临的最大问题就是资金紧张，无法提供成熟公司那样有竞争力的薪酬和福利，常常无法吸引优秀人才，员工流失率也比较高。在这种情况下，创业公司通过股权激励，描绘一个需要大家一起完成的美好蓝图并承诺在实现后给予丰厚回报，可以吸引优秀人才，保留核心员工，创造优秀人才与企业一起成长的激励机制。

当对股权激励不太熟悉时，很多人容易分不清楚“股权”和“期权”，认为二者是一样的。实际上二者有差异。

股权是指股东基于股东资格而享有的、从公司获得经济利益并参与公司经营管理的权利。期权是指公司授予某些人在未来一定期限内以预先确定的价格和条件购买公司一定数量的股权或股份的权利。在实践中，既有“股权”激励，又有“期权”激励，公司可以根据自身实际情况进行选择。

14.1.2 股权激励的常见模式

股权激励的方法很多，以下介绍几种常见的模式。

1. 股票期权

股票期权是指上市公司给予企业高级管理人员和技术骨干，在一定期限内以一种事先约定的价格购买公司普通股的权利。这里需要注意的是，股票期权是一种选择权。

（1）行权条件：公司会事先设计好激励对象可以购买本公司股票的条件（行权条件），只有符合行权条件时，激励对象才有权购买本公司股票，把期权变为实在的股权。这个过程也叫行权。

行权条件一般包括三个方面：一是公司层面的，如公司要达到的预定业绩目标；二是时间（等待期），即授予期权后需要等待的时间；三是针对激励对象的，如绩效考核达标、没有违法违规等。

（2）收益：激励对象获得的收益为授予股票期权时确定的行权价格和行权之后股票市场价格之间的差额。如果股票市场价高于行权价，那么激励对象会选择行权；否则激励对象就会放弃行权，股票期权作废。

（3）适用企业：适合成长期或扩张期的企业，特别是像 IT、高科技行业中发展潜力大、发展速度快的企业。这类企业股价上升空间大，能够达到很好的激励作用，并且股票期权实施的时间期限一般比较长（一般为 5～10 年），所以对留住核心人才和避免管理层的短视行为有较好的效果。另外，这类企业资金需求高，而股票期权不需要企业现金支出。目前，股票期权是上市公司采用最多的一种股权激励模式，占使用股权激励企业的 80% 以上。

2. 限制性股票

限制性股票是上市公司按照预先确定的条件授予激励对象一定数量的本公司股票，激励对象只有在工作年限或业绩目标符合股权激励计划规定条件的，才可出售限制性股票并从中获益。一般来说，激励对象不需要付钱购买限制性股票。

（1）禁售期：在限制性股票中，被授予的股票是不能任意抛售的，而是受到一定的限制。在禁售期内，激励对象获授的股票不能抛售。禁售期根据激励对象的不同一般会设定不同的期限。公司董事、高管的禁售期限长于一般激励对象。

（2）解锁期：在禁售期结束后，进入解锁期。在解锁期内，如果公司业绩满足计划预定的条件，则激励对象取得的限制性股票可以按计划分期解锁。此时，员工的股票可以在二级市场自由出售。

（3）适用企业：适合业绩不好需要提升业绩的上市公司、产业调整期的上市公司。限制性股票将公司的业绩与激励对象的收益联系得特别密切：只有公司业绩达到预定要求，激励对象才可以被免费赠予或低价授予股票；只有公司业绩达到预定要求，激励对象才能抛售股票。该模式在成熟型公司中能收到更好的效果，因为该类企业在短时间内股价上涨空间不会很大，所以激励对象的收益更多的来自股票本身而非股价的涨幅。

3. 股票增值权

股票增值权是公司授予激励对象的一种权利。如果公司股价上升，则激励对象可以通过行权获得相应数量的股价升值收益，而且不用为行权付出现金，并可以在行权后获得现金或等值的公司股票。

（1）“虚拟”的股权激励工具：享有股票增值权的激励对象不实际拥有股票，也不拥有股东表决权、配股权、分红权。每一份股票增值权与一股股票挂钩。每一份股票增值权的收益 = 股票市价 - 授予价格。

（2）有效期：不同公司股票增值权的有效期长短不等，一般为授予之日起 6～10 年。

（3）与股票期权的区别：一是股票期权的激励标的物是企业的股票，激励对象在行权后可以获得完整的股东权益，而股票增值权是一种虚拟股权激励工具，激励标的物是二级市场股价和激励对象行权价格之间的差价的升值收益；二是激励对象收益来源不同，股票期权激励对象获得的收益由市场进行支付，而股票增值权激励对象的收益由企业用现金进行支付（有些用股票支付），其实质是企业奖金的延期支付。

（4）适用企业：股票增值权的授予不会影响公司的总资本和所有权结构，不涉及股票来源问题，但股票增值权大多是现金兑现，对企业资金压力比较大，所以这种模式适合现金充足、发展稳定的成熟型上市公司和非上市公司。

4. 虚拟股票 / 分红权

虚拟股票 / 分红权是公司授予激励对象“虚拟”的股票，激励对象享受一定数量的分红权和股价升值收益。如果公司实现业绩目标，则激励对象享受一定数量的分红，但没有所有权和表决权，不能转让和出售，在离开公司时自动失效。

（1）实质：与购买实有股权或股票不同，虚拟股票由公司无偿赠送或以奖励的方式发放给特定员工，无须员工出资。它实质上是一种享有企业分红权的凭证，除此之外，不再享有其他权利，因此，虚拟股票的发放不影响公司的总资本和股本结构。

（2）收益方式：在虚拟股票持有人实现既定目标条件下，公司支付给持有人收益时，既可以支付现金、等值的股票，也可以支付等值的股票和现金组合。假设某非上市公司在某年年初估值为 2 亿元，小李是该公司员工，被授予 10 000 元的虚拟股票，如果公司在该年成功融资，融资估值为 5 亿元，则在该年年底小李获得的现金分红为：10 000×（5 亿元 /2 亿元）−10 000=15 000 元，并与年终奖合并计税。如果公司在该年未成功融资，或者融资估值并未发生变化，则不发放现金分红。这样对创业型公司而言就减少了现金压力。

（3）适用企业：虚拟股票 / 分红权的发放不会影响公司的总资本和所有权结构，同时虚拟股票受市场的影响小。虚拟股票也需要公司以现金支付，但由于支付的金额与公司收益相关，因此不会给公司带来过大的现金压力。这种模式适合现金流充足的上市公司和非上市公司。

5. 员工持股计划

员工持股计划是指企业内部员工出资认购本公司部分或全部股权，委托员工持股会（或委托金融机构）作为社团法人托管运作，集中管理。员工持股管理委员会（或理事会）作为社团法人进入董事会参与表决和分红。

（1）员工持股计划的两种方式：一种是员工通过购买企业部分股权而拥有企业部分产权，并获得相应的管理权；另一种是员工通过购买企业全部股权而拥有企业全部产权，使其对本企业具有完全的管理权和表决权。

（2）员工持股计划的优点：实现资本积累，是公司筹资的一种手段；防止公司被敌意收购；公司平稳放弃与让渡经营不理想的子公司，实现公司所有权向雇员的转移；补偿雇员工资的减少，激发雇员的积极性等。员工持股计划的缺点：与员工业绩挂钩不足，且操作上目前缺乏法律基础和政策指导。

（3）适用企业：比较适合国有企业改制。

6. 延期支付计划

延期支付计划是指公司将管理层的部分薪酬，尤其是年度奖金、股权激励收入等按公司股票市场价格折算成股票数量，存入公司为管理层人员单独设立的延期支付账户。在既定的期限后，或在该高管退休后，再以公司的股票形式或根据期满时的股票市场价格以现金方式支付给激励对象。

（1）收益：激励对象延期支付计划获得的收入来自既定期限内公司股票的市场价格上升，也就是延期支付计划执行时和行权时的股票价差收入。延期支付收益与公司的业绩紧密相连。只有股价上升，激励对象才能获得收益。如果市场价格不升反跌，则激励对象的利益会损失。

（2）延期支付计划的优点：激励管理层考虑公司的长远利益，减少管理层的短期行为;计划可操作性强，有利于长期激励、吸引和留住人才。延期支付计划的缺点：如果高管持有公司股票数量相对较少，则激励性不足；股票二级市场具有风险的不确定性，会影响激励对象的收益。

（3）适用企业：适合业绩稳定的上市公司和非上市公司。

7. 业绩股票

业绩股票是指公司用普通股作为长期激励性报酬支付给经营管理者，而股权的转移由经营管理者是否达成业绩指标来决定。企业一般会在年初确定一个较为合理的业绩目标，如果激励对象到年末时达到预定的目标，则公司授予其一定数量的股票或提取一定的奖励基金购买公司股票。如果激励对象在若干年内经业绩考核通过，则其可以获准兑现规定比例的业绩股票；如果激励对象未能通过业绩考核或出现有损公司的行为、非正常离职等情况，则其未兑现部分的业绩股票将被取消。

（1）优缺点：业绩股票激励效果比较明显，激励对象的绩效与所获激励之间的联系是直接联系的，几乎不涉及股票市场风险等不可控因素，但是合理的业绩目标比较难确定，另外激励成本较高，可能造成公司支付现金的压力。

（2）应用较广泛：业绩股票所受的政策限制较少，一般只要公司股东大会通过即可实施，可操作性强，实施成本较低。实施业绩股票的上市公司中有很多是高科技公司，之所以采用业绩股票模式，是因为股票期权激励有较多的政策和法律限制。

（3）适用企业：适合现金流量充足的、成熟的或处于成长后期的上市公司、非上市公司。

8. 期股

期股是指企业出资者同经营管理者协商确定股票价格，在任期内由经营管理者以各种方式（个人出资、贷款、奖励部分转化等）获取适当比例的本企业股份。

（1）实质：经营管理者购买本企业的相应股份。在实践中，企业贷款给经营管理者作为其股份投入，经营管理者对其有所有权、表决权和分红权。其中，所有权是虚的，只有把购买期股的贷款还清后才能实际拥有；表决权和分红权是实的（也可以由企业与经营者协议另行约定），但是分得的红利要用来偿还期股。

（2）股票来源：可以个人出资购买，可以贷款，也可以通过年薪收入中的延迟支付部分转化。

（3）收益：中长期兑现，一般是任期届满或任期届满后若干年一次性兑现，也可以是每年按一定比例匀速或加速兑现。另外，因为最终的收益表现为股票收益，所以有一定风险。越来越多的企业对经营管理者采用年薪制加期股的激励模式：一方面，经营管理者更加关注企业的中长期发展；另一方面，股票收益中长期兑现，收益不会过于集中，造成与普通员工收入差距过大。

（4）适用企业：适合创业期、快速成长的非上市公司。

9. 技术入股

技术入股是指技术持有人（或者技术出资人）以技术成果作为无形资产作价出资公司的行为。在技术成果入股后，技术出资方取得股东地位，相应的技术成果财产权转归公司享有。

（1）技术入股优点：有利于提高技术出资人的入股积极性，并且能够有效调动技术出资人积极实现成果的转化。技术入股缺点：技术成果的价值很难评估，它不同于货币、实物的出资，容易产生各方的纠纷。

（2）作价：技术入股的作价方式主要有三种，即评估作价、协商作价和两种作价方式的结合。评估作价是由专业的评估机构对出资人的技术成果价值进行评估并确定作价金额的一种作价方式；协商作价方式是出资人不经评估，自行商定入股技术的作价金额的一种作价方式。

（3）技术价值变化：在技术入股后，可能会出现技术价值的变化。技术价值的变化分两种：一种是技术价值的降低或灭失；另外一种是技术价值增加。当出现技术价值变化时，会引起出资各方利益的变动。

由于市场变化、出资时作价过高等，会产生技术价值降低或灭失，一般企业会减少或撤销相关股东的股份。由于市场发展良好，促进了技术价值的提高和技术改进等，会产生技术价值增加，企业通常会增加技术出资人股份。

（4）适用企业：适合产品未研发、技术论证阶段的企业。

14.2 事业合伙人制度

近年来，阿里巴巴、华为等优秀公司都引入了事业合伙人制度，在这种制度的激发下，企业的业绩节节攀升，有目共睹。事业合伙人制度是什么？这种制度下的薪酬激励为什么会发挥这么大的作用呢？

14.2.1 事业合伙人制度概述

会计师事务所、律师事务所等组织大多采用事业合伙人制度，同时，阿里巴巴、华为等企业推行的也叫事业合伙人制度，但这两种事业合伙人制度是不一样的。

从法律意义上来说，合伙制企业指企业由两个或两个以上的所有者共同享有企业权益资产的非公司制企业。合伙人指的就是合伙制企业中的合伙人，包括有限合伙人和普通合伙人。普通合伙人承担无限连带责任，有限合伙人以所投入的财产份额承担有限连带责任。会计师事务所、律师事务所就是这种类型。

阿里巴巴、华为的合伙人，指的是企业管理意义层面的，也叫作事业合伙人。事业合伙人是为了在企业内形成认同组织战略和价值观的“企业家 / 创业者”团体。通过事业合伙人制度，可以让这个团队为了战略目标而奋斗。当然，这样一个经过共同奋斗的团队，其在价值分配时也要共同分配，正所谓“江山一起打，利润共同分”。

14.2.2 事业合伙人制度的适用范围

事业合伙人制度适用于以下企业。

1. 知识型企业

知识型企业，如互联网行业的一些企业，企业的知识掌握在个人手中，要求员工不断学习和知识更新，而这些难以用 KPI 量化考核，所以，这类企业比较适合采用事业合伙人制度。相反的，生产型企业，其工人只需要按照规定要求进行简单操作即可，不需要创新创造，所以，这类企业比较适合采用传统绩效考核和薪酬体系，不适合采用事业合伙人制度。

像律师行业、咨询行业，都属于知识型企业，很多都是合伙人形式的企业。

2. 创业期或战略转型期的企业

创业期或战略转型期的企业，面临各种问题，需要采用事业合伙人制度来支持其发展壮大或转型成功，所以，这类企业比较适合采用事业合伙人制度。

3. 业务封装性企业

业务封装是指业务可以分成一个个案子或项目，比如，律师事务所、会计师事务所、咨询公司就属于业务封装性企业。需要注意的是，如果意向业务参与人数众多，则合伙份额很难确定。

14.3　弹性福利

企业的薪酬福利是吸引职场人的重要因素，企业要想吸引、保留优秀的人才，就要在薪酬福利上“下功夫”“做文章”。目前，员工对企业福利和人文关怀越来越关注，在这种大背景下，“弹性福利”被越来越多的企业采用。

14.3.1　弹性福利概述

弹性福利是近来福利发展的新兴趋势。弹性福利最早于20世纪70年代美国兴起，后来在很多欧美国家流行。弹性福利在2007年被引进中国，一开始仅在外企流行。

弹性福利是指由员工在福利菜单中自主选择合适自己的福利，也叫菜单式福利。员工自主选择的前提是企业确定对每个员工福利的投入，在实践中常常采用积分的形式。

传统的福利模式常常是企业花了钱，但员工并不满意。而采用弹性福利，企业可以控制成本，让员工自主选择，这样一来，员工的满意度较高，是一种较好的福利模式。

目前，绝大部分的世界500强公司已经开展“弹性福利计划”。但弹性福利体系的建立对系统、流程、供应商等管理要求较高，且管理成本较高，所以在中国，弹性福利还没有普及开来。但总体来看，弹性福利是一种趋势。

14.3.2 弹性福利模式和优缺点

目前，在国内实行弹性福利管理的企业，大多数是一些管理理念和技术较为超前的互联网公司。在开展弹性福利上，主要基于以下思路。

（1）员工积分制奖励。企业根据员工的工作绩效表现、特殊贡献等，给予相应的奖励积分，员工累计积分。企业以此激励员工达成或超额达成绩效目标。

（2）弹性福利管理平台。企业自主研发或选择外部弹性福利机构，员工可以用积分在福利商城中自主选择福利品。

但员工在自主选择的时候，可能会考虑不周，或者过早地用完了自己的额度，当其遇到更需要的福利时，就无法购买了。针对这种情况，企业可以参考以下形式实行弹性福利。

（1）附加型弹性福利。这是最常见的形式。企业会提供主体福利，再提供其他不同的福利（附加福利），员工的积分可以在附加福利中选择。

（2）套餐型弹性福利。企业同时提供几套不同的福利组合，每一个组合所包含的福利项目或价格不一样，员工可以根据自己的情况和积分，选择其中一个福利套餐。

（3）补差价型弹性福利。这种类型是在以上两种弹性福利类型上的发展。如果员工想选择某项附加福利，或选中一个价格较高的福利套餐，其积分又不够，则可以从其薪酬中扣除积分与价格之间的差额。如果员工选择了某项价值较低的附加福利或选择了价值较低的福利套餐，则企业会退给其积分与价格之间的差额。

弹性福利的优点在于能够提高福利的效用，使福利管理更加人性化、个性化，能够提升员工的工作满足感，提升企业形象与竞争力。同时，员工在达成高绩效后，能够获得企业的奖励，对提升员工绩效也起到一定的作用。

但弹性福利也有一些缺点，比如，在实施初期，会增加福利费用，增加福利管理的行政性工作，另外，如果员工对福利制度不够了解，则可能会做出不合理的选择，反而降低满意度。但从整体来看，弹性福利的优点明显，是福利管理未来发展的趋势。